低碳经济背景下旅游经济发展模式研究

杨　吉　肖智中　严婉瑜◎著

SPM 南方传媒
广东经济出版社
·广州·

图书在版编目（CIP）数据

低碳经济背景下旅游经济发展模式研究 / 杨吉，肖智中，严婉瑜著 . —广州：广东经济出版社，2024. 7.
ISBN 978-7-5454-9369-6

Ⅰ. F592.3

中国国家版本馆 CIP 数据核字第 2024GD5753 号

责任编辑：陈念庄　李　璐
责任校对：罗玉琪
责任技编：陆俊帆

低碳经济背景下旅游经济发展模式研究
DITAN JINGJI BEIJINGXIA LÜYOU JINGJI FAZHAN MOSHI YANJIU

出版发行：广东经济出版社（广州市水荫路 11 号 11~12 楼）
印　　刷：珠海市国彩印刷有限公司
印厂地址：珠海市金湾区红旗镇永安一路国彩工业园

开　本：787 毫米 × 1092 毫米　1/16	印　张：10.5
版　次：2024 年 7 月第 1 版	印　次：2024 年 7 月第 1 次
书　号：ISBN 978-7-5454-9369-6	字　数：205 千字
定　价：68.00 元	

发行电话：（020）87393830　　编辑邮箱：Joycechen17@ 126. com
广东经济出版社常年法律顾问：胡志海律师　　法务电话：（020）37603025
如发现印装质量问题吗，请与本社联系，本社负责调换。

前 言

FOREWORD

随着气候与环境问题的日益严峻，低碳经济在生态文明建设浪潮中扮演着愈加重要的角色。综观全球所做的努力不难发现，低碳发展作为一个大系统涉及世界各国乃至各产业部门，各方都在尝试以一种全新的低碳生产和生活方式应对低碳经济与低碳社会的到来，这其中就包括旅游产业。低碳旅游正是基于生态文明的理念，在满足旅游者最优旅游服务体验质量的同时，以最少的旅游碳排放获得最佳的社会经济效益与环境效益，实现旅游经济的可持续发展。旅游经济的发展对环境、社会并不会造成太大的影响，具有显著的可持续性。就现实情况而言，在旅游经济高速发展的过程中，由于人们物质文化生活水平的不断提升，各地区旅游的人数不断增加，但各区域旅游产业的承受能力有着一定界限，超过这一界限就可能产生旅游资源被破坏的严重后果，甚至是不可逆的后果。由此，应该以低碳经济理念为基础，加强人文关怀，推动旅游产业与环境的协调发展，进而切实保障旅游产业的可持续发展。

当前我国的环境形势发展严峻，经济发展和保护环境之间存在巨大的鸿沟，如何更好地发展低碳经济已经成为各行各业面临的重要课题。本书系统介绍了低碳经济与旅游经济的关系，以及如何利用低碳概念实现旅游经济健康、可持续的发展模式，重点强调应最大限度地降低和减少碳排放量。在实际的发展中，需要依靠经济体制的改变以及产品的创新，然后再进一步优化产品的发展，核心思想是运用技术的创新、低碳发展方式的创新以及经济发展理念的创新，从而达到节能减排、防治结合的低碳发展目标，进一步促进经济实现绿色的发展。

本书在编写过程中，收集、查阅和整理了大量文献资料，在此对学界前辈、同人和所有为此书编写工作提供帮助的人员致以衷心的感谢。由于编者能力有限，编写时间较为仓促，书中难免有错漏之处，还请广大读者给予理解和不吝指教！

作　者

2023 年 12 月

目录

CONTENTS

第一章　低碳经济的概念及相关理论

第一节　低碳经济的概念及基本特征

一、低碳经济的内涵

（一）低碳经济的基本概念

碳有广义和狭义之分，狭义上的碳是指造成当前全球气候问题的二氧化碳气体，特别是化石能源燃烧所产生的二氧化碳。广义上的碳包括在《京都议定书》中提出的六种温室气体。所谓“低”，是针对当前高度依赖化石燃料的能源生产消费体系所导致的“高”的碳强度及其相应“低”的碳生产率，最终要使碳强度降低到自然资源和环境容量能够有效配置和利用的目标。“低碳”是指较低或者更低的温室气体的排放。

低碳经济，按其字面的意思，是指最大限度地减少煤炭和石油等高碳能源消耗的经济，也就是以低能耗、低污染为基础的经济。从实质上看，低碳经济兼顾了“低碳”和“经济”，低碳经济是人类社会应对气候变化，实现经济社会可持续发展的一种模式。“低碳”意味着经济发展必须最大限度地减少或停止对碳基燃料的依赖，实现能源利用转型和经济转型；“经济”意味着要在能源利用转型的基础上和过程中继续保持经济增长的稳定性和可持续性，这种理念不能排斥发展和产出最大化，也不能排斥长期经济增长。低碳经济中的经济涵盖了整个国民经济和社会发展的各个方面。

作为具有广泛社会性的前沿经济理念，低碳经济其实没有约定俗成的定义，其涉及广泛的产业领域和管理领域。在政府文件中首次出现中碳、低碳经济概念是在英国的《能源白皮书》中，其要点是提高能效、采用可再生能源以及采用碳捕获与封存（Carbon Capture and Storage，CCS）技术。该白皮书为低碳发展模式制定了较为详细的目标和路线图，但并没有为低碳经济提出明确的内涵和可供比较的指标体系。目前被广泛引用的是英国环境专家鲁宾斯德的阐述，即低碳经济是一种正在兴起的经济模式，其核心是在市场机制基础上，通过制度框架和政策措施的制定和创新，推动提高能效技术、节约能源技术、可再生能源技术和温室气体减排技术的开发和运用，促进整个社会经济朝向高能效、低能耗和低排放的模式转型。

（二）对低碳经济的理解

低碳经济作为比较广泛的社会性的前沿经济理念，目前对此存在着多种理解，这里主要从三个角度对其概念进行归类。

一是从全新的理念变革角度。该观点认为低碳经济是以低能耗、低污染和低排放为基础的经济模式，是人类社会继农业文明、工业文明之后的又一次重大进步。低碳经济实质上是对现代经济运行的深刻反思，是一场涉及生产模式、生活方式、价值观念和国家权益的全球性能源经济革命。碳排放量成为衡量人类经济发展方式的新标识，碳减排的国际履约协议孕育了低碳经济，表面上看低碳经济是为减少温室气体排放所做努力的结果，但实质上，低碳经济是经济发展方式、能源消费方式、人类生活方式的一次新变革，它将全方位地改造建立在化石燃料（能源）基础上的现代工业文明，转向生态经济和生态文明。发展低碳经济是一种经济发展模式的选择，它意味着能源结构的调整、产业结构的调整以及技术的革新。中国环境与发展国际合作委员会 2009 年发布的《中国发展低碳经济途径研究》，最终将“低碳经济”界定为“一个新的经济、技术和社会体系，与传统经济体系相比在生产和消费中能够节省能源，减少温室气体排放，同时还能保持经济和社会发展的势头”。

二是从全新的经济发展模式转换角度。该观点认为在发展经济学的理论框架下，低碳经济是碳排放量的经济发展、生态环境代价和社会经济成本最低的经济，是低碳发展、低碳产业、低碳技术及低碳生活等一类经济形态的总称，同时是一种能够改善地球生态系统自我调节能力的可持续发展的新经济形态。低碳经济是指在市场机制的基础上，通过制度框架和政策措施的制定，推动提高能效技术、节能减排技术、可再生能源技术的开发和运用，从而实现低能耗、低污染、低排放和高效能、高效率、高效益（“三低三高”）的绿色经济模式。低碳经济是通过较少的自然资源消耗获得较多的经济产出。它是这样一种经济发展模式——可以使生活标准更高和生活质量更好，同时促进人类经济社会可持续发展。低碳经济是一种绿色经济发展模式，它是以低能耗、低污染、低排放和高效能、高效率、高效益为基础，以低碳发展为发展方向，以节能减排为发展方式，以碳中和技术为发展方法的绿色经济发展模式。低碳经济是一种新的经济发展模式，它与可持续发展理念和资源节约型、环境友好型社会的要求是一致的，与当前大力推行的节能减排和循环经济也有密切联系。有学者认为，低碳经济是生态文明时代的一种经济模式，或者是一种经济发展方式，"高碳、高熵、高代价"的工业文明已经走到了尽头，全社会发展要转变为"低碳、低熵、低代价"的生态文明，而发展低碳经济是建设新型工业文明以及生态文明的最佳结合点。发展低碳经济要从推进绿色产业、构建绿色能源结构、培育创新型经济的市场经济体制上着手。

三是从气候变化问题解决的角度。低碳经济是指温室气体排放量尽可能低的经济发展方式，尤其是要有效控制二氧化碳这一主要温室气体的排放量。推行低碳经济是避免气候发生灾难性变化、保持人类可持续发展的有效方法之一。

（三）低碳经济的实质

低碳经济代表未来经济发展的形态，低碳经济的实质是能源高效利用、清洁能源开发、追求绿色国内生产总值（Gross Domestic Product，GDP），核心是能源技术和减排技术创新、产业结构和制度创新以及人类生存发展观念的根本性转变，即依靠技术创新和政策措施，实施一场能源革命，建立一种较少排放温室气体的经济发展模式，缓减气候变化，派生出新的技术标准。

低碳经济是经济发展方式、能源消费方式以及人类生活方式的一次变革。低碳经济发展的目标是减缓气候变化和促进人类的可持续发展。低碳经济涉及的行业和领域十分广泛，几乎涵盖了所有的产业领域，主要包括低碳产品、低碳技术、低碳能源的开发利用。在技术上，低碳经济则涉及电力、交通、建筑、冶金、化工和石化等多个行业，以及在可再生能源及新能源、煤的清洁高效利用、油气资源和煤层气的勘探开发、碳捕获与封存等领域开发出有效控制温室气体排放的新技术。

二、低碳经济与循环经济、绿色经济及生态经济的联系

低碳经济与循环经济、绿色经济及生态经济均是20世纪后半期产生的新经济思想，都是随着世界工业经济的发展、人口的剧增、人类欲望的无限膨胀、生产生活方式的无节

制、生态环境不断恶化和气候变暖等人类社会面临的巨大挑战应运而生的。这些概念的提出是对人类和自然关系的重新认识，是人类在社会经济高速发展中陷入资源危机、环境危机、生存危机后深刻反省自身发展模式与改进的产物，因此四者之间存在着诸多共同之处和联系，当然各自有不同的特征区别。

（一）相同点

一是具有相同的全新价值观和消费观。全新价值观主要体现在将自然资源视为可利用的资源，需要维持良性循环的生态系统，考虑科学技术对自然的开发能力及对生态系统的维系和修复能力，人对自然的改造能力，重视人与自然和谐相处的能力，促进人的全面发展。全新消费观摒弃过度浪费和奢侈消费，提倡绿色消费。它是一种与自然生态相平衡的、节约型的低消耗物质资料、产品、劳务和注重保健、环保的消费模式，是一种与环境和谐共处的可持续消费方式。

二是具有相同的支撑点。低碳经济、循环经济、绿色经济和生态经济都是把绿色科学技术和生态经济伦理作为支撑点。绿色科学技术是建立在人与自然和谐共处的基础上，为了促使人与自然协同演进、共同发展，在生态自然观指导下，受生态意识支配和生态伦理、生态价值约束的科学技术。这是有利于促进人与自然和谐与统一的科学技术，随着这种技术的不断发展，人与自然之间相处得更加融洽，经济、社会和生态环境才会得到可持续发展。生态经济伦理是为适应当代人类发展的生态经济新时代需要而产生的一种新经济伦理。生态经济伦理强调环境忧患意识的重要性，追求平衡、和谐的道德境界，根本价值观是可持续发展。

三是具有共同的追求目标。低碳经济、循环经济、绿色经济和生态经济实际上都是因环境危机、能源危机产生后相继催生的经济形态，在一定程度上体现了人类对可持续发展的共同追求，都是为了实现人类的可持续发展和环境友好，要求人类在进行生产和消费时不能把自身置于这个大系统之外，而是将自己作为这个大系统的一部分来研究符合客观规律的经济原则。要充分考虑自然生态系统的承载能力，尽可能地节约自然资源，进而不断提高自然资源的利用效率。

（二）不同点

一是研究的侧重点有所不同。循环经济侧重于整个社会的物质循环，强调在经济活动中如何利用“3R”原则［减量化原则（Reduce）、再使用原则（Reuse）、再循环原则

(Recycle)]以实现资源节约和环境保护，提倡在生产、流通、消费全过程的资源节约和充分利用。绿色经济从研究范畴上来讲是一个比较宽泛的概念，它是以经济与环境的和谐为目标，将环保技术、清洁生产工艺等众多有益于环境的技术转化为生产力，并通过有益于环境或与环境无对抗的经济行为，以科技进步为手段实现绿色生产、绿色流通、绿色分配，实现经济的可持续增长。生态经济则吸收了生态学的相关理论，核心是经济与生态的协调，注重经济系统与生态系统的有机结合，以太阳能或氢能为基础，要求产品生产、消费和废弃的全过程密闭循环。低碳经济是针对碳排放量来讲的，主要针对能源领域和应对全球气候变暖问题，重点是从建立低碳经济结构、减少碳能源消费入手，进而建立起全社会减少温室气体排放，使其在较高的经济发展水平上，让碳排放量达到比较低水平的经济形态。

二是实施控制的环节不同。从经济系统和自然系统相互作用的过程来看，生态经济和循环经济分别从资源的输入端和废弃物的输出端来研究经济活动与自然系统的相互作用，同时，循环经济还关注资源的利用，特别是不可再生资源的枯竭对经济发展的影响。绿色经济更多关注的是经济活动的输出端，即废弃物对环境的影响，重点在于环境保护。低碳经济强调的是经济活动的能源输入端，通过减少碳排放量，从而使地球大气层中的温室气体浓度不再发生深刻的变化，保护人类赖以生存的自然生态系统和气候条件。

三是强调的核心内容不同。生态经济把实现经济和自然系统的可持续发展作为核心。循环经济把物质的循环作为核心，使各种物质循环利用起来，进而提高资源效率和环境效率。绿色经济强调以人为本，以发展经济、全面提高人民生活福利水平为核心，保障人与自然、人与环境的和谐共存，促使社会系统公平运行。低碳经济是把低能耗、低污染作为基础的经济，其核心是能源技术创新、制度创新和人类消费发展观念的根本性转变。

（三）联系

尽管低碳经济与循环经济、绿色经济及生态经济研究的侧重点、核心内容以及实现手段等均有不同，但是它们本质上是生态经济，是经济活动的生态化过程。绿色经济是可持续发展的经济，而循环经济则是支撑低碳经济、通向绿色经济、实现经济活动生态化的生产方式、发展方式。从根本上讲，这都是旨在解决人类可持续发展问题而提出的一脉相承的经济发展模式。因此，低碳经济是实现可持续发展的必由之路和主要途径，低碳发展是主线，低碳是纲，抓住了低碳才能纲举目张，如果用成语“画龙点睛”来形容四者的关系，则绿色经济和生态经济是龙身，循环经济是龙腿，低碳经济是龙的眼睛。

三、低碳经济的基本特征

根据众多学者对低碳经济这个热点名词的不同解释，可以概括出低碳最基本的含义。其含义是指较低（更低）的温室气体（主要是二氧化碳）排放。因此，为维持生物圈的碳平衡，抑制全球气候变暖，需要降低生态系统碳循环中的人为碳通量，通过减排二氧化碳，减少碳源，增加碳汇，改善生态系统的自我调节能力。低碳经济具有“三低”的基本特征。

（一）低能耗

低碳经济是相对于基于无约束的碳密集能源生产方式和能源消费方式的高碳经济而言的。低碳经济是目前最可行的、可量化的可持续发展模式。温室气体长期减排和经济社会可持续发展，关键在于发展清洁、低碳能源技术，建立低碳经济增长模式和低碳社会消费模式，并将其作为协调经济发展和保护全球气候的根本途径。因此，发展低碳经济的关键在于降低单位能源消费量的碳排放量（即碳强度），通过碳捕捉、碳封存、碳蓄积，降低能源消费的碳强度，控制二氧化碳排放量的增长速度。

（二）低排放

低碳经济是相对于新能源而言的，是相对于基于化石能源的经济发展模式而言的。未来能源发展的方向是清洁、高效、多元和可持续。因此，发展低碳经济的关键在于促进经济增长与由能源消费引发的碳排放脱钩，实现经济与碳排放错位增长（低增长、零增长或者负增长），通过能源替代、发展低碳能源和无碳能源控制经济体的碳排放弹性，并最终实现经济增长的碳脱钩。

（三）低污染

低碳经济是相对于人为碳通量而言的，是一种为解决人为碳通量增加引发的地球生物圈碳失衡而实施的人类自救行为。全球应对气候变化正在引发能源领域的技术创新。低碳能源是低碳经济的基本保证，清洁生产是低碳经济的关键环节。因此，发展低碳经济的关键在于改变人们的高碳消费倾向和碳偏好，减少化石能源的消费量，减少碳足迹，实现低碳生存。

第二节　低碳经济形成的理论依据

低碳经济是在兼顾经济稳定增长的同时实现温室气体排放的低增长或者负增长的经济模式，低碳经济考虑的是社会经济系统、自然生态系统和科学技术系统构成的大系统以及系统内部的良性循环；低碳经济是保持社会经济与自然生态的协调发展，提高人类生存环境的质量的经济模式。因此，低碳经济的出现必然有着相关的理论作为其重要的理论支撑，是在多学科基础上发展起来的综合性理论，其研究内容涉及和交叉多种学科，如经济学、生态学以及经济系统控制论等。

一、经济学理论

（一）市场机制理论

市场机制主要是通过市场价格的波动、市场主体对利益的追求、市场供求的变化，调节经济运行的机制，是市场经济机体内的供求、竞争、价格等要素之间的有机联系及其功能。

市场机制是一个有机的整体，它主要是由市场价格机制、供求机制、竞争机制和风险机制等构成。

价格机制是指在市场竞争中，市场上某种商品的市场价格变动与市场上该商品的供求关系变动之间的有机联系的运动。它通过市场价格信息来反映供求关系，并通过这种市场价格信息来调节生产和流通，从而达到资源配置的效果。另外，价格机制还可以促进竞争和激励，决定和调节收入分配等。

供求机制是指通过商品、劳务和各种社会资源的供给和需求的矛盾运动来影响各种生产要素组合的一种运行机制。它通过供给与需求在不平衡状态时形成的各种商品的市场价格，以及市场供给量和需求量等市场信号来调节社会生产和需求，最终实现供求之间的基本平衡。供求机制在竞争性市场和垄断性市场中发挥作用的方式是不同的。

竞争机制是指在市场经济中，各个经济行为主体之间为自身的利益而相互展开竞争，由此形成的经济内部的必然的联系和影响。它通过价格竞争或非价格竞争，按照优胜劣汰的法则来调节市场运行。它能够形成企业的活力和发展的动力，促进生产，使消费者获得更大的实惠。

风险机制是市场活动同企业盈利、亏损和破产之间相互联系和作用的机制，在产权清晰的条件下，风险机制对经济发展发挥着至关重要的作用。

（二）外部性理论

外部性是指经济主体对他人造成损害或带来利益，却不必为此支付成本或得不到应有的补偿。如果一个经济主体对其他经济主体造成损害却不必为此支付成本时，称为外部不经济；相反，当一个经济主体为其他经济主体带来利益而得不到应有的补偿时，称为外部经济。从定义中可以理解，外部性是一种人为的活动，外部性应该是在某项活动的主要目的以外派生出来的影响，外部性包括对生态环境等与社会福利有关的一切生物或非生物影响。外部性的存在会造成社会脱离最有效的生产状态，使市场经济体制不能很好地实现其优化资源配置的基本功能。外部性主要包括以下几种：一是生产中的负外部性和生产中的正外部性，二是消费中的负外部性和消费中的正外部性。

外部性的存在主要包括三个方面的原因：首先是市场缺乏，资源利用不能完全排他，市场机制配置资源无效率；其次是人们只注重短期利益；最后是产权不能清晰界定。

运用科斯定理分析，外部不经济使得市场经济失灵的表现形式是高排放、低效益的经济发展模式。科斯定理可以帮助我们有效地解决环境问题。科斯定理证明：当交易费用为零及充分界定产权并实施时，外部性因素将不会引起资源浪费或配置不当。

（三）国际经济学理论

国际经济合作是指为了共同的利益，不同主权的国家政府、企业及国际经济组织通过竞争与协调，在双赢甚至是多赢的基础上，着重在生产领域，以生产要素移动和重新组合配置为主要内容而展开的活动。发展低碳经济是通过建立完善的碳排放权交易体系，加强碳排放权在国际上的流动，并通过国际贸易，充分发挥比较优势，实现碳排放权在全球范围内的最优化配置，建立在国际相互依赖的基础上的重要国际经济合作形式，最终推动低碳经济的发展。

（四）绿色经济理论

“绿色经济”的概念在英国经济学家皮尔斯 1989 年出版的《绿色经济蓝皮书》中首次被提出。绿色经济是以市场为导向，以传统产业经济为基础，以经济、环境和谐为目的而发展起来的一种新的经济形式，是产业经济为适应人类环保与健康需要而产生并表现出来的一种发展状态。

雅各布斯（Jacobs）与波斯特尔（Postel）等人在20世纪90年代所提出的绿色经济学中，倡议在传统经济学三种生产基本要素即劳动、土地及人力资本外，必须再加入一项社会组织资本。

绿色经济以可持续发展为目的，并遵循“开发需求、降低成本、加大动力、协调一致、宏观有控”五项准则。绿色经济既是具体的微观单位经济，又是一个国家的国民经济，甚至是全球范围的经济。绿色经济是以维护人类生存环境、合理保护生存环境、合理保护资源与环境、有益于人体健康为特征的经济，是一种平衡式经济。

（五）循环经济理论

循环经济的思想萌芽可以追溯到环境保护思想兴起的20世纪60年代。1962年美国生态学家蕾切尔·卡逊发表的《寂静的春天》，阐述了生物界以及人类所面临的危险。“循环经济”一词，首先由美国经济学家K.波尔丁提出，主要是指在人、自然资源和科学技术的范围内，在资源投入、企业生产、产品消费及其废弃的全过程中，把传统的依赖资源消耗的线形增长经济，转变为依靠生态型资源循环来发展的经济。“宇宙飞船经济理论”作为循环经济的早期代表理论，认为地球就像在太空中飞行的宇宙飞船，要靠不断消耗自身有限的资源才能生存，如果不合理开发资源，破坏环境，就会走向毁灭。因此，宇宙飞船经济需要一种新的发展观：第一，必须改变过去那种“增长型”经济，代之以“储备型”经济；第二，要改变传统的“消耗型经济”，代之以休养生息的经济；第三，实行福利量的经济，摒弃只注重生产量的经济；第四，建立既不会使资源枯竭，又不会造成环境污染和生态破坏，能循环使用各种物质的“循环式”经济，以代替过去的“单程式”经济。

传统经济是“资源—产品—废弃物”的单向直线过程，创造的财富越多，消耗的资源和产生的废弃物就越多，对环境资源的负面影响相对也就越大。循环经济则恰恰相反，是以尽可能小的资源消耗和环境成本，获得尽可能大的经济和社会效益，从而使经济系统与自然生态系统的物质循环过程相互和谐，促进资源永续利用。因此，循环经济是对“大量生产、大量消费、大量废弃”的传统经济模式的根本性变革。

循环经济的基本特征主要表现在以下几个方面：一是在资源开采环节，需要大力提高资源综合开发率和回收利用率。二是在资源消耗环节，要大力提高资源利用效率。三是在废弃物产生环节，要大力开展资源综合利用。四是在可再生资源产生环节，要大力回收和循环利用各种废旧资源。五是在社会消费环节，要大力提倡绿色消费。

循环经济在本质上是一种生态经济，要求运用生态学规律来指导人类社会的经济活动。循环经济按照自然生态系统物质循环和能量流动规律重构经济系统，使经济系统和谐地纳入自然生态系统的物质循环的过程中，构建起一种新形态的经济。循环经济要求把经济活动组成一个“资源—产品—可再生资源”的反馈式流程。循环经济的基本特征是低开采、高利用、低排放，是在可持续发展的思想指导下，按照清洁生产的方式，对能源及其废弃物实行综合利用的生产活动过程。

循环经济作为一种科学的发展观、一种全新的经济发展模式，具有自身的独立特征：

一是新的系统观。循环是指在一定系统内的运动过程，循环经济的系统是由人、自然资源和科学技术等要素构成的大系统。循环经济观要求人在考虑生产和消费时不再置身于这一大系统之外，而是将自己作为这个大系统的一部分来研究符合客观规律的经济原则，将“退田还湖”“退耕还林”“退牧还草”等生态系统建设作为维持大系统可持续发展的基础性工作。

二是新的经济观。在传统工业经济的各要素中，资本在循环，劳动力在循环，唯独自然资源没有形成循环。循环经济观要求运用生态学规律，而不是仅仅沿用 19 世纪以来机械工程学的规律来指导经济活动，不仅要考虑工程承载能力，还要考虑生态承载能力。在生态系统中，经济活动超过资源承载能力的循环是恶性循环，会造成生态系统退化，只有在资源承载能力之内的良性循环，才能使生态系统平衡地发展。

三是新的价值观。循环经济不再像传统工业经济那样将自然环境作为“取料场”和“垃圾场”，也不仅仅视其为可利用的资源，而是将其作为人类赖以生存的基础，视其为需要维持良性循环的生态系统；在考虑科学技术时，不仅考虑其对自然的开发能力，而且要充分考虑到它对生态系统的修复能力，使之成为有益于环境的技术；在考虑人自身的发展时，不仅考虑人对自然的征服能力，而且更重视人与自然和谐相处的能力，促进人的全面发展。

四是新的生产观。传统工业经济的生产观念是最大限度地开发利用自然资源，最大限度地创造社会财富，最大限度地获取利润。而循环经济的生产观念是要充分考虑自然生态系统的承载能力，尽可能地节约自然资源，不断提高自然资源的利用效率，循环使用资源，创造良性的社会财富。在生产过程中，循环经济观要求遵循“3R”原则：资源利用的减量化原则，即在生产的投入端尽可能少地输入自然资源；产品的再使用原则，即尽可能延长产品的使用周期，并在多种场合使用；废弃物的再循环原则，即最大限度地减少废弃物排放，力争做到排放的无害化，实现资源再循环。同时，在生产中还要求尽可能地利用可循环再生的资源替代不可再生资源，如利用太阳能、风能和农家肥等，使生产合理地依托在自然生态循环之上；尽可能地利用高科技，尽可能地以知识投入来替代物质投入，以达到经济、社会与生态的和谐统一，使人类在良好的环境中生产生活，真正全面提高人民生活质量。

五是新的消费观。循环经济观要求走出传统工业经济“拼命生产、拼命消费”的误区，提倡物质的适度消费、层次消费，在消费的同时就考虑到废弃物的资源化，建立循环生产和消费的观念。同时，循环经济观要求通过税收和行政等手段，限制以不可再生资源为原料的一次性产品的生产与消费，如宾馆的一次性用品、餐馆的一次性餐具和豪华包装等。

二、生态学理论

（一）生态学概述

生态学是研究生物与环境相互关系的知识体系，是协调和统筹人和自然的关系、引领人类可持续发展的主要理论基础。生物的生存、活动和繁殖需要一定的空间、物质与能量，各种生物所需要的物质、能量以及它们所适应的理化条件是不同的，这种特性称为物种的生态特性。任何生物的生存都不是孤立的，同种个体之间有互助也有竞争，植物、动物和微生物之间也存在复杂的相生相克关系。人类为满足自身的需要，不断改造环境，环境又反过来影响人类。随着人类活动范围的扩大和多样化，人类与环境的关系问题越来越突出。生态学研究的范围已经扩展为包括人类社会在内的多种类型的生态系统的复合系统。

生态学的研究目的是认识和正确运用自然规律。生态学的一般规律包括以下四个方面。

1. 种群

在环境无明显变化的条件下种群数量有保持稳定的趋势。一个种群所栖息环境的空间和资源是有限的，只能承载一定数量的生物，承载量接近饱和时，如果种群数量再增加，增长率则会下降乃至出现负值，使种群数量减少；而当种群数量减少到一定限度时，增长率会再度上升，最终使种群数量达到该环境允许的稳定水平。

2. 群落

物种间相互依存和相互制约的规律反映了生物间的协调关系，是构成生物群落的基础。具体表现为食物链、竞争和互利共生。

3. 生态系统

在生态系统中，植物、动物、微生物和非生物成分，借助能量的不停流动，一方面不断从自然界摄取物质并合成新的物质，一方面又随时分解为简单的物质，即所谓“再生”，这些简单的物质重新被植物所吸收，由此形成不断的物质循环。与此同时，要求严格防止有毒物质进入生态系统，以免它们经过多次循环后富集到危及人类的程度。

4. 人与环境的关系

人们在改造自然的过程中必须注意物质代谢的规律。一方面，在生产中只能因势利导，合理开发生物资源，而不可只顾一时。另一方面，还应该控制环境污染，由于大量有毒的工业废弃物进入环境，超出了生态系统和生物圈的降解和自净能力，因而造成毒物积累，损害了人类和其他生物的生存环境。

（二）生态经济理论

生态经济是实现经济腾飞与环境保护、物质文明与精神文明、自然生态与人类生态的高度统一和可持续发展的经济，即在生态系统承载能力范围内，运用生态经济学原理和系统工程方法改变生产和消费方式，挖掘一切可以利用的资源潜力，发展一些经济发达、生态高效的产业，建设体制合理、社会和谐的文化以及生态健康、景观适宜的环境。

生态经济是“社会—经济—自然”复合生态系统，即不仅包括物质代谢关系、能量转换关系及信息反馈关系，还包括结构、功能和过程的关系，具有生产、生活、供给、接纳、控制和缓冲功能。

生态经济理论包括以下几个方面的内容：一是生态经济区划、规划与优化模型，就是应用生态与经济协同发展的观点来指导社会经济建设，首先要进行生态经济区划和规划，以便根据不同地区的自然经济特点发挥其生态经济总体功能，获取生态经济的最佳效益。二是生态经济基本理论，具体包括社会经济发展同自然资源和生态环境的关系，人类的生存、发展条件与生态需求，生态价值理论，生态经济效益，生态经济协同发展等。三是生态经济管理，需要改革不利于生态与经济协同发展的管理体制与政策，加强生态经济立法与执法，建立生态经济的教育、科研和行政管理体系；需要制定国家的生态经济标准和评价生态经济效益的指标体系，对重大经济建设项目，需要做出生态环境经济评价。四是生态经济史，生态经济问题具有历史普遍性，同时随着社会生产力的发展，又有历史的阶段性。因此，进行生态经济史研究，可以探明其发展的规律性，指导现实生态经济建设。

（三）可持续发展理论

《我们共同的未来》报告中将“可持续发展”定义为：“既满足当代人的需求，又不对后代人满足其自身需求的能力构成危害的发展。”1989 年联合国环境规划署（UNEP）专门为“可持续发展”的定义和战略通过了《关于可持续发展的声明》，可持续发展的定义和战略主要包括四个方面的内容：要有一种支援性的国际经济环境；维护、合理使用并提高自然资源基础；走向国家和国际平等；在发展计划和政策中纳入对环境的关注和考虑。

可持续发展内涵包括以下内容：一是发展的可持续性，人类的经济和社会的发展不能超越资源和环境的承载能力；二是人与人关系的公平性，当代人在发展与消费时应努力做到使后代人有同样的发展机会，同一代人中一部分人的发展不应当损害另一部分人的利益；三是人与自然的协调共生，人类必须建立新的道德观念和价值标准，学会尊重自然、师法自然、保护自然，与之和谐相处；四是突出发展的主题，发展与经济增长有根本区别，发展具有集社会、科技、文化、环境等多种因素于一体的完整性，是人类共同的和普遍的权利，发达国家和发展中国家都享有平等的不容剥夺的发展权利。从忽略环境保护受到自然界惩罚，到最终选择可持续发展，是人类文明进步的一次历史性重大转折。总而言之，可持续发展是建立在社会、经济、人口、资源、环境相互协调和共同发展的基础上的一种发展，其宗旨是既能相对满足当代人的需求，又不能对后代人的发展构成危害。

可持续发展是一种新的生存方式，这种生存方式不但要求体现在以资源利用和环境保护为主的环境生活领域，更要求体现到作为发展源头的经济生活和社会生活中去。它包括经济、生态以及社会可持续发展三个方面的具体内容。可持续发展的重要性就是考虑“代际公平”和“代内公平”，可持续发展要求人类在发展中讲究经济效率、关注生态和谐、追求社会公平，最终达到人的全面发展。

低碳经济是指在可持续发展理念指导下，通过实体经济的发展模式转型、技术创新、组织创新、产业转型、新能源开发等多种手段，尽可能地减少煤炭石油等高碳能源消耗，减少对化石燃料的依赖，减少温室气体排放，达到经济社会发展与生态环境保护双赢的一种经济发展形态。

（四）生态足迹理论

生态足迹也称“生态占用”。生态足迹是能够持续地提供资源或消纳废物的、具有生物生产力的地域空间，其含义就是要维持一个人、地区、国家或者全球的生存所需要的或者能够容纳人类所排放的废物的、具有生物生产力的地域面积。生态足迹要估计承载一定生活质量的人口，需要多大的可供人类使用的可再生资源或者能够消纳废物的生态系统，又称为“适当的承载力”。

通过生态足迹需求与自然生态系统的承载力（也称生态足迹供给）比较，即可以定量地判断某一国家或地区目前可持续发展的状态，以便对未来人类生存和社会经济发展做出科学规划和建议。生态足迹通过测定现今人类为了维持自身生存而利用自然的总量来评估人类对生态系统的影响。例如，一个人所排放的二氧化碳总量可以转换成吸收这些二氧化碳所需要的森林、草地或农田的面积，他的粮食消费量可以转换为生产这些粮食所需要的耕地面积，因此，它可以形象地被理解成一只负载着人类和人类所创造的城市、铁路、工厂、农田……的巨脚踏在地球上时留下的脚印大小。它的值越高，人类对生态的破坏就越严重。探讨生态足迹的意义在于探讨人类持续依赖自然以及要怎么做才能保障地球的承受力，进而支持人类未来的生存。生态足迹将每个人消耗的资源折合成全球统一的、具有生产力的地域面积；通过计算区域生态足迹总供给与总需求之间的差值——生态赤字或生态盈余，精确地反映不同区域对于全球生态环境现状的贡献程度。生态足迹既能够反映出区域的资源供给能力和资源消耗总量，又能够反映出个人或地区的资源消耗强度，还揭示了人类持续生存的生态阈值。它通过相同的单位比较人类的需求和自然界的供给，使可持续发展的衡量真正具有区域可比性，评估的结果清楚地表明在所分析的每一个时空尺度上，人类对生物圈所施加的压力及其量级，因为生态足迹取决于人口规模、物质生活水平、技术条件和生态生产力。生态足迹指标的提出为核算某地区、国家和全球自然资本利用状况提供了简明的方法，通过测量人类对自然生态服务的需求与自然所能提供的生态服务之间的差距，就可以知道人类对生态系统的利用状况，以便在地区、国家和全球的尺度上比较人类对自然的消费量与自然资本的承载量。

生态足迹的计算基于两个简单的事实：首先，可以保留大部分消费的资源以及大部分产生的废弃物；其次，这些资源以及废弃物大部分都可以转换成可提供这些功能的生物生产性土地。生态足迹的计算方式明确地指出某个国家或地区使用了多少自然资源。然而，这些足迹并不是一片连续的土地，人们使用的土地与水域面积分散在全球各个角落，这些需要很多研究来决定其确定的位置。

三、经济系统控制论

经济系统控制论是一门新兴学科，是系统论、控制论和信息论渗入到经济科学而产生的一门边缘学科。经济系统控制论将各种经济系统的控制问题作为自己的研究对象。它的应用主要是通过定性和定量相结合的方法来分析各种经济系统的功能，以及利用各种控制方法来实现资源最优化配置的经济问题，是低碳经济的理论指导。经济系统控制论可以从经济系统论和经济控制论来分析。

（一）经济系统论

经济系统论主要包括经济惯性、经济加速度、经济内动力、经济系统层次、经济竞争协和与经济承载能力等原理。

一是经济惯性原理。封闭的经济系统与外界几乎不发生任何关系，不能获得外力来推动经济的发展。任何经济实体，在它不与外界发生作用的封闭状态下，都会导致相对静止状态，甚至出现经济衰退。

二是经济加速度原理。封闭的系统是一种没有加速度的惯性系统，而开放系统则是有加速度的发展系统。从经济系统控制论来看，只有通过对外开放，让经济系统与外界环境建立联系，通过外资引进，吸纳先进的生产技术，促使其产生促进系统内部协同发展的外力，才能加快国民经济的发展速度。

三是经济内动力原理。如果要使一个没有任何加速度的惯性系统变为一个带有加速度的开放系统，那么必须改变经济系统中内在的结构。那些有势能差的非平衡系统就是动态发展的系统，而无势能差的平衡系统则是不发展的系统，完全服从势能最小化原理。一个具有内在发展机制的经济系统必须是一个有差异、非均匀和非平衡态的经济系统，它要求改革僵化的经济体制，扩大系统内的势能差，加强系统各组成部分之间的互补从而使系统具有自组织作用和内在动力。

四是经济系统层次原理。任何系统都是有层次的，不同的层次有不同的运动规律。低碳经济系统也是有层次的，如宏观层次和微观层次，甚至更详细的划分。因此，仅在一个层次上不加区分地制定低碳经济决策是不符合实际情况的。

五是经济竞争协和原理。在微观经济系统中，企业的发展是在竞争规律和协和规律同时作用下进行的。在企业外部以竞争力为主，在企业内部则以协和力为主。竞争力使企业导向与外界相适应，而协和力则使企业的整体功能达到最优。在低碳经济系统中，从生态大系统分析，应用了生态学的原理，更加强调企业之间在园区中的协作，最终构成产业链的循环。

六是经济承载能力原理。一个经济系统的改革、开放和发展的程度，如果超过了其生态系统的承载能力，则系统的动态平衡将会被打破，从而使系统发生变化，以致崩溃。当然，与此同时，也应当考虑到改革、开放和发展对系统承载能力的提高，但是这种承载能力的提高在一定时间内是有限的，主要是因为人类对地球生态系统、自然资源的认识是有限的。

（二）经济控制论

经济控制论把经济效果假设为信源，把价格看作传输信息的信道，而把收入作为信息的一种受体。这个就类似于通信系统中发报机、传输和收报机三者的关系。从统计规律角度来看，它要求价格以及收入的信息必须足够多，变化必须足够灵敏及迅速，这样人们才能从中得到有关经济效果的真实信息。经济控制论通过对信息传输的速率和效率的定量分析来研究不同经济体制的控制能力。

在低碳经济系统下，控制论除了要求经济效果的信息以外，还要求社会效果、环境效果、资源效果和对生态系统影响的效果，从大系统来分析经济体制的控制能力。经济控制论包括耦合、反馈和最优化三个理论。

一是经济耦合理论。经济控制论将自给自足的经济系统看作孤立系统，而将分工协作的经济系统看作包含串联耦合和并联耦合的系统。串联耦合是指甲企业的产出就是乙企业的投入，而乙企业的产出就成为丙企业的投入，最后，丙企业的产出又成为甲企业的投入，这样就形成一个串联回路。在低碳经济系统下，控制论要求不仅在企业产品的生产过程中形成这种串联回路，而且在废弃物处理方面也形成这样一个串联回路，两者相互耦合。并联耦合是指一个企业要输入多个企业的产品，又要把本企业的产品输往多个其他企业，这样就形成了一个并联回路。在低碳经济系统下，控制论要求废弃物在这些企业间交叉输配，形成多重耦合。一般来讲，产品输出串联企业越多，生产效率越低；而废弃物输出串联企业越多，资源利用效率越高。

二是经济反馈理论。根据经济反馈理论，发展低碳经济要考虑生态成本，改变企业单一追求经济效益的观念，使企业的外部效益内部化。对于高能耗、高污染的企业来说，生态成本高，价格就高，绿色产品市场准入制度也使市场容易萎缩，带来更高的成本，市场更难进入，最终使得那些高能耗、高污染的企业退出市场。

三是最优化理论。根据最优化理论，低碳经济增长模式是指在自然资源投入一定的情况下，使总产出最大化，二氧化碳以及废弃物的排放量最小化。在这一前提下，选择最优顺序实施决策，解决最优工作时间、最优设备更新期、最优人员调配、最优产业布局和最优能源结构等一系列问题。

第三节　低碳经济、能源消费与经济增长

一、低碳经济的经济学价值

低碳经济的经济学价值主要体现在以下四点，即促进经济学理论的不断完善，丰富经济学的创新发展模式，拓展环境问题的解决方式以及完善国际经济的合作体系。

（一）促进经济学理论的不断完善

通过不断吸收和整合，经济理论和经济体系不断丰富和完善，并在与其他领域进行交叉融合发展中，特别是在经济影响因素的研究上越来越全面和系统。低碳经济学被纳入经济学的体系后，经济学的外延不断扩大，其研究内容越来越丰富，碳货币、碳交易、碳期货等经济发展工具也越来越多。而且这些概念的发展中也包含着经济发展的影响因素和不确定性，因此，有必要重新选择和建立促进经济发展的研究模式，以持续推进经济研究向前发展。

（二）丰富经济学的创新发展模式

工业革命的发展推动了人类历史上经济的大发展，但工业革命的理论基础是增加物质资源的投入以获取更多的财富。它只注重对单一经济系统因素的考虑，而忽略了资源存量和环境承载力的影响。因此，粗放型发展模式过多地依赖资源消耗，给生态环境带来的负面影响相当大。随着经济发展逐渐进入瓶颈期，可利用资源越来越少，环境污染给人类的健康生活造成的隐患积累成疾，人们开始对这种经济发展模式进行重新反省和重新定位。因此，现代经济社会发展亟须低碳经济理论的科学指导，才能创造更科学的生产方式和消费方式，以达到经济、资源和环境协调发展的目的，从而促进经济社会的长远发展。

（三）拓展环境问题的解决方式

环境是人类社会生存和发展的重要基础。然而，在经济发展过程中，由于盲目追求经济利益，环境保护往往被忽视。当环境破坏阻碍经济发展时，需要花费大量的人力、物力和财力来整治和保护环境。从经济发展起步阶段，低碳经济发展规划就强调环境保护，

以环境保护和经济增长为目标，促进环境与经济的和谐发展，从而大幅度提高环境保护效率。

（四）完善国际经济的合作体系

在传统的国际经济合作体系里，占有重要地位的经济理论是比较优势理论、资源禀赋理论等。根据这些理论，发达国家居于主导地位，发展中国家居于次要地位。发达国家为了自身利益，热衷于将资源消耗大、环境影响大的重污染产业转移到发展中国家。因为发展中国家目前不能很好解决这些资源环境问题，生态污染问题一旦发生，必然超越国界并蔓延到全球范围，并对发达国家造成不可逆转的负面影响。通过大家共同努力来规避这一问题，近年来发达国家与发展中国家之间的低碳经济领域的国际合作取得了很大进展。世界各国之间的低碳经济合作经历说明，国际经济合作能够较好解决资源环境问题和全人类面临的共同生态灾难。

根据以上内容可以得出结论，低碳经济已成为全球经济的重要发展模式。在低碳经济发展的背景下，经济发展的指导思想转向运用先进的科技手段来实现资源的高效利用。低碳经济发展具有巨大的经济价值，不仅体现在短期的经济效应，更体现在为长期经济发展和长期经济效应的实现提供动力。由于目前部分国家经济发展条件所限，全球低碳经济仍有很大的发展空间，坚持低碳经济模式具有良好的发展前景。

二、低碳经济与经济增长之间的关系

低碳经济主要以碳排放为目标，倡导节能减排以缓解气候变化带来的负面影响。近年来，温室效应对人类生存环境造成越来越大的影响，低碳经济已成为世界各国关注的焦点问题。学者们研究发现，经济增长与碳排放之间存在着紧密联系，“环境库兹涅茨曲线”理论被公众接纳。该理论认为，如果一个地区的经济水平越低，其碳排放量相对也会较低，碳排放对环境的影响就较小；随着经济发展水平的不断提高，经济体的碳排放量逐渐增加，对环境的影响也相应增大；当达到临界值时，经济发展水平的不断提高会伴随碳排放增幅而下降。随着我国逐步将“低碳”作为衡量经济发展质量的标准，产业结构优化提升逐渐提上日程，制造业各行业都开始高度重视减排。虽然目前碳排放量随着经济发展仍呈现不断增加的趋势，但其增长速度已经明显低于经济增长速度，这也充分说明当经济发展到一定程度时，经济增长一定程度上促进了低碳经济的发展。

随着经济增长和生活水平的提升，居民低碳生活观念以及整个社会低碳消费习惯逐渐形成。比如，随着人均可支配收入的增加和生活品质的提升，居民在购买家用汽车时，更热衷于购买节能环保、低油耗低污染的品牌。随着人们生活水平的逐步提高，低碳理念越来越受到社会的推崇，人民群众越来越青睐低碳产品，人们低碳需求的变化进一步推动了低碳经济的发展。为了提高产品的销售份额，增强市场竞争力，商品生产者必须不断改进生产工艺和流程，使产品更加低碳。因此，区域经济增长可以提高居民的生活质量，使低碳有更现实的需求，进而推动低碳经济发展水平的不断提高。

三、低碳经济与能源利用之间的关系

一方面，能源的使用不仅会直接影响到一个国家的经济规模，而且会改变这个国家人民的生产生活方式。例如，煤炭的使用一定程度上促进了蒸汽机的问世，电的使用加快推动了电力时代的来临。因此可以说，能源是促进经济发展和社会进步的重要因素。另一方面，当经济发展到一定程度时，只有选择低碳经济发展模式，国民经济才能健康、稳定、可持续地向高水平发展。低碳经济要求改变能源利用方式，主要表现在两个方面：一是提高能源利用效率，其关键在于低碳技术。低碳技术的进步有利于改进生产设备，为提高能源利用效率提供良好的基础，从而大大减少化石能源的投入，进而减少大气中的碳排放。二是改变能源消费结构，为了满足生产生活的需要，人类对能源的需求也会随之增加；然而，化石能源并非取之不尽，而且化石能源消耗对环境影响很大。因此，优化能源消费结构，寻求环境友好的新能源替代化石能源是人类能源发展的必由之路。

人类目前使用的能源大多来自自然环境，大力发展低碳经济以提高能源利用效率，有助于减轻对生态环境的压力。一个稳定的环境系统具有抵御经济发展给外界带来负面影响的能力；假设污染程度不在环境可接受范围之内，可能会给经济社会发展带来巨大损失。经济发展是二氧化碳排放量增加的最重要决定因素，但减少二氧化碳排放量并不能通过减缓经济增长来实现。因此，未来能源利用的发展方向应该是着力降低能源强度，增加低碳能源消费。

四、经济增长与能源利用之间的关系

一般而言，经济增长与能源利用之间具有相互促进的关系。随着人们生活水平的提高和社会财富的增加，能源消费需求也在不断上升。在能源短缺问题突出的背景下，经济增长带来更高国民收入和公共财政保障，各国投入更多资金和资源用于发展低碳技术，以推动节能环保产业和新能源发展。同时，经济增长将促进人们对清洁能源的使用，传统的高污染能源将逐渐被淘汰。经济增长改变能源消费，其最显著的表现是对能源质量的要求将不断提高。大量使用优质能源可以显著减少环境污染排放，大大减轻环境压力。与此同时，不仅获得优质能源比传统能源更简单方便，而且具有更高的经济效益。自工业革命以来，世界大多数国家和地区的经济增长都更大程度地依赖化石能源，促进化石能源开采技术发生日新月异的变化。但化石能源在消费过程中会被排入大气，不可避免造成污染排放量大幅增加，从而引起一系列的环境污染问题和生态灾难。

目前，新能源不仅研发成本高、存在市场化障碍，而且规模化应用存在的难度也较大，因此新能源的应用和推广存在着一定的困难。但是，这与经济增长带来的能源消费质量提高的现状并不矛盾。因此可以预见的是，人类未来将会投入更多资源来进行新能源利用的探索和实践。

第二章　我国发展低碳经济的思路

第一节　我国发展低碳经济的机遇与挑战

一、我国发展低碳经济的必要性

应对全球气候变暖需要全世界的努力，中国作为最大的发展中国家，无论是在道义上还是在责任上，都有义务为世界碳减排做出自己的贡献。不仅如此，低碳经济对中国的发展具有特别的意义，发展低碳经济是我国的必然选择。

（一）低碳经济是应对气候变暖、改善我国大气质量的有效途径

低碳经济的目的是降低碳排放，优化大气的构成，遏制地球气温上升，控制地球气温不超过地球上生命力承载极限。气候变化的影响是全球性的，我国的气候已经受到了显著影响。

平均来看，我国的气温呈现上升的态势，与世界气候变化有较强的一致性，还呈现出不同的区域特点。根据翟盘茂、唐红玉（2005）的研究，在全球气温变暖的影响下，我国气温在1920—1940年已经开始持续走高；在1950—1980年，气温略有下降；1980年后又开始持续上升。平均而言，我国气温上升的速度达每10年0.17摄氏度。

我国气温的变化呈现出明显的区域差异。北方地区气温上升的趋势明显，东北和华北气温上升的幅度最大，达到每10年0.6摄氏度，西南和长江流域的气温反而略有下降，南方大部分地区的气温波动则相对稳定，并没有表现出明显的变冷或变暖的趋势。自

1900年始，中国东北地区100年间年均温度有显著的上升，东北地区气温上升约1摄氏度；前50年间气温波动较为平缓，上升幅度并不明显；后50年温度的波动变大，气温上升的趋势很明显；1981—1998年年均气温甚至出现跳跃式上升的态势。南方地区（江南、华南等地）在20世纪前10年气温急剧下降，1911—1950年气温以小幅上升为主；1951年以后南方地区的气温开始下降，1981年开始气温有显著的上升。青藏高原区域百年温度升高趋势明显，100年间大约上升了0.96摄氏度。青藏高原地区的气温在不同阶段并不相同。该地区在1901—1910年略有下降；1911—1950年温度波动加大的趋势明显；1951—1980年温度曾经急剧下降，而后的1981—1998年温度却又急剧上升。百年间西北地区气温上升明显，约上升1.2摄氏度；在1898—1910年该地区气温有所降低；1911—1950年该地区气温开始上升；1951—1980年气温有所下降，1981—1998年温度升高的趋势特别明显。

我国降水有区域集中、时间集中的趋势，这种趋势导致洪涝增加的同时，干旱的频率也随之增加。进入20世纪80年代，我国华北、东北地区不仅全年降水日数有明显减少，降水量也明显减少，连续无降水的时段持续延长，气温升高明显。1965—1990年，黄河、长江流域连续出现干旱，且每年干旱的情况越来越严重。然而，到了20世纪90年代这些流域出现多发性洪涝。安徽大部分地区、江苏北部、湖北北部、四川北部、山东、山西、河南、河北、陕西、宁夏、青海、甘肃、内蒙古、北京、天津、东北三省等长江以北地区是我国的主要农业区域，1951—2002年其干旱情况表明，这些地区干旱的严重程度在加剧，且干旱区域的范围呈现逐年扩大的态势。黄河从1997年2月7日起多次出现断流，至1997年11月21日为止，累计断流共222天，断流河段长度一度达700多公里。2003年夏季，我国华南和江南等地出现了持久的高温、高热天气，其旱情是1971年以来最为严重的一次。部分地区如浙江东、南部的旱情已超过中华人民共和国成立以来干旱最严重的1967年。农作物受旱面积绝对数量相当高，受持续高温少雨的影响，这些地区森林火灾发生的频率显著增加。高温天气在给农业生产带来巨大损失的同时，还严重影响了人们的身体健康。医院出现了大量的中暑、“空调病”、肠道病、心脑血管病的患者，因高热致死的病例发生多起。此外，由于高温引起的水、电供应紧张，部分地区实行了限水和限电措施，对企业的生产和人们的生活造成了较大的影响，也在一定程度上引起了社会的不稳定。由于干旱、温度和风等多重因素的影响，我国沙尘暴天气频发，在北方尤为突出。据统计，1997—2002年，北方发生的沙尘天气已经严重影响到北京、天津等地区，而且有向全国蔓延的趋势。作为一种严重的自然灾害，沙尘暴已经成为破坏生态系统的突出问题。

从以上研究的结果可以发现，从 1951—2002 年气候变化的趋势来看，我国气候变暖的特征相当明显，且随着降水量的减少，我国华北、西北东部和东北东部农业区干旱化倾向十分明显。与此同时，长江流域暴雨增多，无霜期显著增加，持续干旱、植被减少和风速增加的影响使得 1998 年以来，沙尘暴又出现增加的势头。面对未来气温升高及其可能导致的一系列严重后果，发展低碳经济已成为当务之急。

（二）发展低碳经济是大势所趋

纵观整个人类发展的文明史，可以发现从农业社会到工业社会，从工业社会到信息社会，在每一次发生重大变革的历史时刻，一个国家如果能够认清世界发展的潮流，紧跟甚至引领世界潮流，那么这个国家的综合国力必将获得极大的提升，在世界经济、政治、外交中确立举足轻重的地位。18 世纪的英国依靠技术创新推动了工业革命，率先实现农业社会向工业社会过渡，在随后的工业化浪潮下，技术创新的成果迅速在全世界得到广泛应用，英国成为全世界霸主，其殖民地遍布全世界。第二次世界大战以后，美国以信息革命为契机，在信息技术方面成为全世界的领头羊，推动了全世界由工业社会向信息社会的过渡，美国也因此成为全世界头号强国。因此，从战略上看，认清世界经济发展的潮流和方向对一个国家的发展起到重要作用。

当今世界的潮流就是要发展低碳经济。全球变暖对地球环境的影响已经引起国际社会的普遍关注。在解决全球变暖的问题上，低碳经济无疑是理想的选择。低碳经济不仅可以从源头上减少碳排放，而且蕴含着巨大的发展机会。低碳经济的发展既是改善大气环境的迫切要求，又是转变经济增长方式的要求。因此，世界主要发达国家都将发展低碳经济作为自己未来经济的方向，都确立了具有本国特点的低碳经济发展目标，并且各个国家都将这些目标上升为国家意志，通过立法的形式保证这些目标的实现。

在低碳经济已经成为世界经济发展潮流的情况下，中国只有紧跟甚至想方设法引领这一潮流，才能在未来的世界发展格局中有一席之地。中国只有融入低碳经济的发展大潮，只有发展低碳经济才能避免未来落后的境地。

值得指出的是，虽然主要发达国家在发展低碳经济方面有资金、技术和人才优势，但是总体而言，在低碳经济的发展上，国家之间、地区之间的差异并不是很大，几乎处于同一条起跑线上。因此，我国可以利用发展低碳经济的历史契机，缩小与主要发达国家的差距。

（三）发展低碳经济受基本国策决定

历史经验表明，闭关锁国是导致我国发展落后的重要原因。1840年以来，爆发了两次鸦片战争，我国被列强用大炮轰开了国门。惨痛的教训告诉人们，开放是中国崛起的唯一选择。随着全球化进程的加剧，世界各经济体之间的联系越来越密切，国际贸易的地位越来越重要，贸易成为我国经济增长的重要动力之一。

尽管我国的国际贸易在经济增长中发挥了重要作用，但是长期以来，我国的出口商品具有“高投入、高能耗”特点，在生产的过程中产生了大量的二氧化碳。在我国出口商品中，化学制品、矿产品、原料制成品等高能耗金属制品，以及一般低端机械设备等产品占出口的比重较高，这些产品均属于高碳排放型产品。在全球气候变暖的情形之下，无论是出于对大气质量改善的要求，还是基于对国家企业的保护，发达国家在未来的国际贸易中很有可能制定“碳关税”，对高碳排放的进口商品征收二氧化碳排放税。在主要发达国家的推动下，不排除“碳关税”纳入国际贸易规则的可能性。如果我国不走低碳经济的发展道路，我国企业不能有效降低商品的碳含量，那么碳关税将严重削弱我国出口企业国际竞争力，我国将缺少出口这一驾我国经济增长做出重要贡献的强力马车。因此，我国必须大力发展低碳经济，降低出口商品的碳含量，增强出口商品的国际竞争力。发展低碳经济是由我国对外开放的基本国策决定的。

（四）发展低碳经济是实现我国能源战略的重要保证

自从20世纪70年代石油危机以来，能源问题已经成为各国关注的重点。各国普遍认识到能源对经济的重要意义。能源已经和政治、外交等问题密不可分，甚至主要发达国家为了争夺石油等主要工业文明的能源，不惜发动战争来谋求对能源的世界控制力。从能源的国际需求来看，随着世界经济规模的不断扩大，世界能源消费量持续增长。从世界范围来看，国际能源消费结构趋向优质化，但地区差异依然较大。化石燃料的消费量急剧增长。初期主要是以煤炭为主，20世纪以后石油和天然气的生产与消费持续上升，石油于20世纪60年代首次超过煤炭，跃居一次能源的主导地位。进入21世纪，石油依然居于世界一次能源消费量的首位，但消费增长率放缓，煤炭又成为增速最快的能源。同时，核能、风能、水力、地热等其他形式的新能源逐渐被开发和利用，形成了目前以化石燃料为主，可再生能源、新能源并存的能源结构格局。从世界发展能源的基本趋势来看，国际能源供需呈现出多元化、清洁化、高效化和全球化等特征。

从我国国内的情况来看，改革开放40多年来，中国经济的重工业化特征并没有改变，这一特征决定了我国对能源的巨大需求。城市化进程加剧了我国对能源的需求。自 1980 年我国的城市化进程启动以来，城市化进程有加快的趋势。2007 年，我国的城市化率已经达到 45%；到 2020 年，我国的城市化率达到 63.89%。庞大的人口进入城市，将产生巨量能源需求。而中国正在成为世界工厂，高能耗的出口商品结构在短期内难以改变，中国对能源需求增长的长期趋势不可能改变。如何满足庞大的能源需求，以保证我国经济的发展、社会的稳定，将是我国未来一段时间内的重大课题。考虑到主要化石能源的不可再生性，以及全球气候变暖对碳排放的要求，笔者认为，我国要摆脱对化石能源的高度依赖，发展新能源、可再生能源、清洁能源，提高化石能源的利用效率是必然选择。发展低碳经济可以摆脱我国能源的对外依赖，保证国民经济健康、持续、快速地发展。

二、低碳经济对我国发展的机遇

1978 年以来，在改革的策略上我国采取了渐进的方式，试图在运用增量改革的方式带来经济增长的同时，不至于给社会带来较大的冲击，较好地解决了社会稳定与经济增长的关系。然而，40 多年的经济发展给我国经济带来巨大成就的同时，经济发展方式并没有发生根本性的转变，经济发展仍然主要靠物质投入，依赖投资的拉动，人力资本和技术进步在经济增长中的贡献与作用相对有限，经济增长中的问题经过长期的累积已经对经济发展带来了负面的影响。随着时间的推移，改革逐渐进入攻坚阶段，如果深层次的问题不能得到有效解决，那么中国的经济发展的步伐将被迫放缓。对于深层次的问题，仍然采取渐进式的、细枝末节式的改革，要想得到水滴石穿的效果必然耗费漫长的时间。在全球气候变暖的环境之下，我国需要尽快适应低碳经济的发展要求，加快经济增长方式的转变。在应对全球气候变暖的问题上，全世界人民的利益是共同的，中国有义务、有责任为全球气候变暖做出自己的贡献。低碳经济的发展已经上升为政治问题和外交问题，低碳经济发展的迫切性要求我国必须采取果断措施，扫除阻碍经济增长方式转变的绊脚石，突破长期以来制约我国经济增长的体制因素，并协调各方的利益和冲突。全球气候变暖从外部给我国转变经济增长方式提供了压力，低碳经济的发展为解放我国的生产力提供了机遇。

中国作为最大的发展中国家，世界影响力日益增强。虽然我国拥有令全世界刮目相看的经济增长率，但是综合国力仍有待进一步提高，我国仍然处在大而不强的阶段。在资源品特别是主要能源（石油）方面的话语权有很大的欠缺，在世界能源分配格局中基本处于被动接受的地位。低碳经济的发展要求在世界范围内实行能源的多元化供应格局。化石能源的替代、可再生能源的使用可能将使我国实现能源供应的独立性，摆脱能源的国际依赖，为我国能源的安全发展提供历史机遇。

从目前来看，在全世界范围内并没有实行碳排放的总量控制，但是随着全球气候变暖形势的日趋严峻，从总量上控制碳排放是直接决定全球气候变暖战役是否能取得胜利的关键。可以预见，全世界范围内的碳排放的总量控制为期不远。尽管各个国家在碳排放的分配上将会产生巨大的争议，但是出于对人权这一基本权利的考虑，按人口进行碳排放份额的划分将有很大的实现可能。若是如此，中国庞大的人口基数将为中国赢得碳排放总量的优势。虽然这种优势并不会凭空获得，中国将会付出代价，但是低碳经济的发展确实能为我国带来新的机遇。

虽然《京都协议书》和“巴厘岛路线图”并没有要求发展中国家承诺减排，但是作为负责任的大国，中国已经对全世界表明了自己发展低碳经济的立场。这将为我国带来巨大的政治利益和外交利益。低碳经济可以为我国政治地位、外交地位的提升提供一定的机遇。

最后，低碳经济的发展将为我国的科技进步提供机遇。由于发展中国家在资金、技术等方面存在明显的劣势，因此《京都协议书》和“巴厘岛路线图”规定，发达国家有义务、有责任为发展中国家提供资金、技术方面的支持。虽然发达国家将会以种种借口、种种理由给发展中国家的资金、技术支持设置障碍，但是在全球气候变暖的形势紧逼之下，发达国家对发展中国家的资金援助与技术援助终将成行。我国作为最大的发展中国家，将能从中获益，提升我国技术进步的水平。

三、我国发展低碳经济的挑战

虽然，低碳经济的发展可能给我国带来一定的机遇，但是我国发展低碳经济的挑战也是巨大的。2007 年 5 月 30 日，我国发布《中国应对气候变化国家方案》，提出了全球气候变化将给我国带来 7 个方面的挑战。挑战之一是经济发展模式。随着经济的发展，能源消费与二氧化碳排放量必然要持续增长，减缓二氧化碳排放量将使我国面临创新型的、可持续发展模式的挑战。挑战之二是能源结构。由于我国能源的供应特征是“富煤、贫油、少气”，因此煤是我国的主要燃料。然而，煤的碳排放很高，单位热量燃煤的二氧化碳排放量远高于石油和天然气，在发展低碳经济的情况下，对高碳排放燃料的限制使用将成为必然，我国的能源结构将面临挑战。挑战之三是能源技术的自主创新。我国能源生产和能源利用技术落后是能源利用效率低下、温室气体排放高的主要原因。在能源利用效率一定的前提下，为了保证生产，需要消耗更多的能源，需要排放更多的二氧化碳。能源生产和能源利用效率低下对低碳经济的发展构成巨大挑战。挑战之四是森林资源保护和经济发展。随着工业化、城市化进程的加剧，保护林地、湿地的任务加剧，压力加大。挑战之五是农业的发展。我国的农业经济并不发达，适应能力很低，在气候变化之下农业将面临较大的挑战。挑战之六是水资源的开发和保护。如何在气候变化的情况下加强水资源的管理，优化水资源的配置，加强水利基础设施建设，全面推进节水型社会的建设，保障人民用水安全，给我国的决策者提出了巨大的挑战。挑战之七是海平面上升所带来的海水入侵、海岸侵蚀等问题，这些问题对沿海地区的发展提出了挑战，需要在发展低碳经济的过程中有效解决。

应对气候变化，发展低碳经济给我国带来的挑战还表现在其他方面。我国是一个人口大国，首先要解决的是 14 亿人口的温饱问题。这一问题的解决决定了我国必须保持一定的经济增长速度，因此首要问题仍然是经济增长的问题。虽然从长期来看，发展低碳经济可以促进经济增长，但是节能效率的提升、低碳技术的研发与商业化运用有相当长的路要走，这一切决定了低碳经济发展的长期性。从我国的国情来看，经过改革开放 40 多年的发展，我国的经济取得举世瞩目成就的同时，也积累了大量的问题，这些问题也必须通过经济增长加以解决。经济增长对于我国的就业、各项社会事业的发展具有相当重要的意义。如何在发展低碳经济的长期任务和我国对经济增长的迫切依赖方面进行平衡，是发展低碳经济的一个主要挑战。

另外，我国发展低碳经济的挑战还在于如何克服长期以来对高能耗、高碳排放经济发展方式的路径依赖。改革开放以来，我国的工业化进程日益加快，工业化对改善人们的生活、促进社会的发展发挥了巨大作用。经过 40 多年的发展，我国的工业化基础已经相当雄厚，这是我国国民经济能够得以快速发展的重要原因。然而，传统工业化是建立在高碳排放基础之上的，低碳经济就是要对这种生产方式进行根本性的变革。可以预见，高碳排放的工业化基础越是强大，发展低碳经济的难度也将越大。低碳经济的发展对高碳排放的主要行业在短期内将形成巨大的冲击，出于自身经济利益的考虑，这些行业将通过种种方式和途径，与发展低碳经济的力量进行博弈，伺机维护自己的地位，使朝低碳经济方向发展的产业升级计划延缓，对低碳企业、低碳技术产生相当强的抵制力，将造成我国经济增长对高碳排放的经济增长方式具有相当程度的路径依赖。克服这种路径依赖需要很强的智慧和决断力，这种路径依赖将是我国低碳经济发展的最大困难之一。

我国发展低碳经济的挑战还在于我国的市场经济体制并不健全。充分利用市场价格机制对资源的调节，理顺商品价格体系，特别是资源品的价格体系，对节能减排、发展低碳经济将具有非常重要的作用。但是，近年来我国经济的复杂性程度有所增强，市场大量的流动性使得经济发展面临较大的通货膨胀压力，包括石油、煤炭和天然气在内的资源性商品的使用价格不包含碳排放的成本，资源性产品的价格形成机制还不能充分反映资源稀缺程度、环境损害成本和供求关系，“污染者付费”的原则没有得到很好的落实，那么就会造成典型的市场失灵。如果资源品价格制度不改革，资源品的价格仍然较低，那么很难从需求的角度遏制碳排放，这种情况会导致对以往高碳排放行业的维系，是对低碳行业、低碳技术的变相打压。但是，如果资源品的价格中包括了碳排放给社会造成的成本，资源品的价格上升的话，那么将带来整个社会价格水平的上涨。在这种情况下，我国的经济又将面临通货膨胀的巨大压力。

我国发展低碳经济的挑战还在于地方财政的薄弱。我国采取分税制改革后，中央政府、省级政府以及其他各级地方政府在财政之间存在事权与财权的不对称。从财权上来看，中央政府所得占据了财政收入的主要部分，省级政府所得占据财政收入的次要部分，各级地方政府在财政收入中的份额最小。然而，从公共支出的角度来看，由于各级地方政府主要承担着基层的公共服务职能，所需要的公共支出相当庞大，财政捉襟见肘在中国地方政府是常见的事。近年来，地方政府的土地财政正是其财政薄弱的重要表现。从发展低碳经济的角度来看，地方政府是企业的最密切接触者，他们对企业节能减排完成情况的信息获取成本很低，是理所当然的节能减排的监督者和维护者。然而，我国各地的高污染企业、高能耗企业、高碳排放企业往往是各种税、费、捐助的主要来源力量，地方政府由于财政紧张，出于经济利益的考虑，在节能减排方面必然存在监管动力不足的问题。这种情况将对我国发展低碳经济造成很大的挑战。

第二节　我国发展低碳经济的路径

一、我国发展低碳经济的困境

经济增长、能源消费与碳排放之间存在显著的正相关性。改革开放以来，中国呈现出和经济周期波动相吻合的发展趋势，能源消费增长率和 GDP 增长率的变化也基本一致，经济快速增长、工业化和城市化不断推进，对能源的需求急剧增长。

中国二氧化碳排放量的增加与能源消费的增加也呈现显著正相关性，二氧化碳排放量与能源消费的升降趋于一致。中国发展低碳经济所面临的困境主要体现在以下五个方面。

（一）工业化快速发展导致碳排放量不断增加

中国工业化的加速发展与发展低碳经济之间存在着非常突出的矛盾。目前，中国正进入一个工业化加速发展的时期，整个国民经济产业结构的主体是第二产业，并且重化工业比重较高。不可否认第二产业对 GDP 产生的巨大贡献，但创造巨额 GDP 的同时，工业化的加速和重工业的持续增加决定了能源消费将呈现迅速增长的态势，工业化产生的高投入、高物耗、高能耗导致资源与环境矛盾日益凸显。市场经济发达国家的历史经验告诉我们，步入到工业社会，进入重工业加速发展的时期，随着工业化和经济发展速度的加快，以二氧化碳为主的温室气体的排放将会不断增加。值得注意的是，中国的工业化和城市化进程与发达国家相比又具有以下几个方面的特点：首先，中国工业化、城市化的发展速度非常快，在中国快速发展并且规模庞大的工业化体系中，二氧化碳的排放总量必然会随着工业经济的不断发展而不断增加；其次，中国目前城市化的不断推进带来了大规模的交通、能源、建筑等基础设施建设，由于工业化和城市化带来的经济扩张多是对常规技术的简单复制，也由于技术水平较低和成本等方面的原因，大规模采用低能耗、低排放、低污染的节能减排技术并不具备现实可行性，在目前和未来较长的一个时期，中国能源消费和温室气体排放必然呈现出不断增长的态势；最后，发达国家是在完成工业化之后才面临应对气候变化的挑战，而中国在工业化、城市化的进程中就必须面临应对气候变化的挑战这一问题，这无疑给中国走新型工业化道路带来了新的挑战和要求。以上三个方面的特点，使得中国发展低碳经济面临着比发达国家更为严峻的挑战。

（二）能源消费、生产结构不合理

中国以煤为主的能源消费和生产结构与低碳经济极不相适应。中国能源探明储量具有典型的“富煤贫油少气”的能源禀赋特点，煤炭占 94%，石油占 5.4%，天然气占 0.6%，这决定了中国能源生产和消费结构很难改变以煤为主的发展状况。尽管过去几十年，中国政府一直努力通过发展可再生能源等方式促进能源来源的多样化，降低对化石能源的依赖，但是对中国总体的能源消费影响不大。虽然中国已经颁布了《可再生能源法》等法律法规，明确了优化能源结构的发展目标，可再生能源利用规模也在逐步扩大，但是煤炭在中国能源结构中所占的比重依然偏高，可再生能源利用对能源结构的优化作用并不明显。

在将来一段较长时间内，中国的能源利用还将主要依赖于以煤炭为主的化石能源。

（三）科技水平相对落后

科技水平落后，技术研发能力有限。目前，中国在工业生产、能源生产和利用等领域技术水平落后，技术研发能力和设备的制造能力不足，可再生能源开发利用、核能等非化石能源发展的技术创新能力相对落后，低碳技术的开发与储备也不足。只有通过在碳捕获与封存技术、替代技术、减量化技术、再利用技术、资源化技术、能源利用技术、生物技术、新材料技术、绿色消费技术、生态恢复技术等方面的创新，寻求低碳技术的重大突破，推动低碳产业新产品、新产业快速发展，尽可能使可再生能源、绿色能源替代化石能源，中国的低碳经济才能获得不断发展的动力。

（四）国际分工地位较低

中国在国际分工中处于价值链的低端，随着经济全球化进程的快速推进，中国与世界经济的联系日益紧密，目前，中国已经成为世界主要的制造业基地。但是由于中国在国际分工中处于价值链的低端，出口的主要是附加值较低的能源密集型产品，相反，大部分进口的则是高附加值的产品和服务。这样的进出口结构决定了出口产品“内涵能源”的强度大大高于进口产品。“内涵能源”是指产品上游加工、制造、运输等全过程所消耗的总能源。中国大量能源密集型产品走向世界，在满足各国消费者需求和赚得微薄利润的同时，带来了大量的能源消耗和温室气体排放。同时，在世界各国都更加重视碳排放问题的前提下，随着各国政府税收制度的修改和完善，征加碳税的可能性也在不断增大。另外，这种进出口结构在客观上推动了国内高耗能产业的发展，也带来了严重的环境污染问题。

（五）法制建设需要加强

为了加强生态文明建设，推进绿色低碳发展，中国相继出台了一系列有关低碳经济的政策、法规，如《中华人民共和国环境保护法》《中华人民共和国环境保护税法》，对中国低碳经济的发展起了巨大的促进和推动作用。但是，中国低碳经济的政策、法规还不完善。同时，低碳经济发展的有效激励机制不足。中国低碳技术项目主要依靠政府的临时拨款和政策贷款，并没有形成稳定的政府投入机制，金融机构对低碳项目的支持热情不足，不能满足低碳技术研发的资金需求。低碳经济需要在中国经济发展过程中得到大力推进，要使中国低碳经济健康、快速发展，必须健全相关政策、法规，制定清晰、稳定的鼓励支持政策，建立有效的低碳经济激励机制。

二、我国发展低碳经济的路径选择

当前，发展低碳经济已经成为各国经济发展的主要趋向。欧美等发达国家正在着力进行新能源技术和减排技术创新，大力推进以低消耗、低排放、低污染为特征的低碳经济的发展，以抢占低碳经济的先机和产业制高点。对中国而言，发展低碳经济，不但可以减少能源消耗，降低碳排放量，减少空气污染，还可以实现经济发展转型。当然，这也是一个极其艰难的选择和发展过程。

中国能源消费增长过快，能源利用效率低下。在中国工业化和城市化快速推进过程中，能源利用面临三个突出问题。第一，能源消费增长过快，能源消费对外依存度不断提高。能源消费的快速增长不仅导致煤炭出口量大幅下降，而且导致石油进口大量增加，石油对外依存度达到 50% 以上，带来了不可忽视的能源安全问题，过度依赖外部资源供给的能源利用模式需要尽早转变。第二，能源消费带来的环境污染日益严重。清洁能源、可再生能源应用不足，能源消费以煤炭为主，煤炭的大量使用是造成国内环境污染的重要原因。第三，能源利用效率亟待提高。中国能源利用效率较低，在国际上处于落后水平，国内高投入、高消耗的粗放型生产方式又进一步加剧了能源的低效率转化问题。

中国低碳经济的发展要在借鉴国内外低碳经济发展经验的基础上，立足中国实际国情，重点做好以下几个方面的工作。

（一）构建低碳经济发展战略

基于中国经济发展面临日益严峻的能源和环境约束，为实现国民经济持续、健康、和谐发展，我们必须高度重视向低碳经济转型。要从国家发展战略和全局的高度，结合资源节约型、环境友好型社会和节能减排工作的需求，在产业结构调整、基础设施建设、技术创新和应用等方面，为低碳经济发展创造条件。一是应将低碳经济发展纳入国民经济和社会发展长期规划，进行总体安排和部署；二是要制定低碳经济发展战略和政策，逐步完善促进低碳经济发展的相关法律体系。

必须建立发展低碳经济的长效机制。一是应该理清低碳经济的概念，尽快确立低碳经济发展的目标、低碳经济发展的重点领域和低碳经济发展的保障措施；二是应尽快研究、科学制定国家低碳经济发展的近期、中期和长期规划；三是应制定重点行业和部门的低碳发展规划，促进重点行业和部门向低碳转型，从而带动整个国民经济向低碳经济转型。

（二）支持低碳技术的创新和应用

发展低碳经济必须依靠科技创新。从国际经验看，低碳技术能引领能源利用方式的转变。发展低碳经济，就是要彻底改变以化石能源为主的全球能源利用结构，而低碳技术则是实现低碳化发展的关键手段。低碳技术的创新能力，决定了中国低碳经济的发展水平，我们应当重点研究减缓温室气体排放的技术。一是新能源技术。围绕风能、太阳能、生物质能和地热能等领域，加大关键共性技术的研发示范和推广力度。二是节能技术。重点加快燃煤高效发电、工业节能、照明、建筑节能等技术的研发。三是减排技术。推进清洁生产工艺的开发与推广应用，发展新型高效催化技术、新型高效提取分离技术及过程强化技术等，通过自主创新和国际技术合作与转让，争取尽快掌握和推广低碳技术，从而保障能源供应安全和控制温室气体排放。

要利用已有低碳技术把高污染、高能耗、高排放的高碳产业改造成低污染或无污染、低能耗、低排放或零排放的低碳工业。对于进行低碳技术自主创新的企业，政府要建立创新成本补偿机制；对于首先采用低碳技术的企业，政府要在其更新落后生产设备时给予适当的设备更新费用，用以弥补其成本支出。特别需要指出的是，高端服务业领域低碳技术的研发、应用和农业生产技术的低碳化升级要协同进行，才能使三大产业协调发展，否则，单纯的第二产业低碳化升级会带来产业链断裂的风险。

（三）构筑低碳产业体系

调整产业结构，构筑低碳产业体系，主要体现在以下三个方面。

一是推动高碳产业向低碳产业转型。我们要顺应低碳经济发展潮流，着力加快调整产业结构，重点建立以低碳农业、低碳工业、低碳服务业为核心的新型经济体系。率先培育和大力发展低能耗、高附加值的高新技术产业和新兴产业。在培育发展新兴产业的同时注重能源结构调整，应加快太阳能、风能、核能、电子信息、新能源汽车、生物产业等新兴低碳产业的发展，改变过度依赖煤炭和石油能源的现状。对于高碳产业，应通过产业政策调整，鼓励其增强自主创新能力，开发低碳技术和低碳产品，引进先进的节能减排技术，增强对清洁能源的开发和利用。

二是大力发展现代服务业。工业经济的发展必然以消耗能源、资源为代价，服务业则是资源消耗相对较少的绿色产业，占用能源少，资源消耗低，创造的是绿色 GDP。正是基于此，应制定和完善现代服务业扶持政策，加快推进现代商贸、金融服务、现代物流、信息服务、科技服务、旅游、文化服务、房地产、社区服务、服务外包和电子商务等重点行业的发展，减少国民经济发展对工业增长的依赖。

三是大力支持林业等碳汇产业的发展。碳汇是指自然界中碳的寄存体，森林植被是地球上存在的巨大碳汇。种植业与林业是重要的碳汇产业，种植业是季节性碳汇产业，林业是长期性碳汇产业。中国是农业大国，并且具备农作物生长的气候环境和生物资源，因此应大力发展种植业和林业。发展种植业和林业，有利于减少大气中的二氧化碳，有利于提高碳转化率，有利于恢复自然资源的多样性和平衡生态系统。而且，发达的碳汇产业还会为中国在国际贸易中建设碳交易制度创造极为宽松的环境。

（四）提高市场准入标准

提高市场准入标准，限制高碳产业的市场准入。当前，发展低碳经济、绿色经济，降低碳排放量，提高经济发展综合效率，已成为世界各国经济发展的首要选择。在减少和降低碳排放方面，如果政策制定不完善，国际协调机制欠缺，则很有可能发生“碳泄漏”行为。产生碳泄漏的原因主要是生产过程中能源密度的变化，即生产成本的变化引起发达国家与发展中国家能源密集型产品相对竞争力的变化，这导致发达国家的能源密集型产业向发展中国家转移。碳泄漏可能导致全球总排放量上升，这也是发达国家要求发展中国家参与全球减排行动的一个最重要的理由。我国在优化产业结构、培育和发展低碳产业的同时，还必须不断提高高碳产业的市场准入门槛，避免因盲目追求投资额的上升而忽略低碳经济发展。

（五）构建全方位的低碳财税政策体系

国家应该逐步建立促进低碳经济发展的财政税收优惠政策体系，促进我国能源使用效率的提高，减少碳排放和环境的污染。具体而言，政府可以从以下几个方面实行税收优惠政策。一是政府通过法律手段限制企业的碳排放量，规定各类企业碳排放量的上限，对超过排放量限额的企业征收惩罚性税收；二是可以对低能耗、低污染的企业根据其能耗和减排的数量给予相应的税收减免奖励；三是加大对可再生能源、节约能源新产品、低能耗生产工艺等产品和工艺的开发力度，促进低碳产业的发展。同时，在促进低碳产业发展方面，政府还可以通过财政补贴，发展低碳产业，投资低碳项目，建设低碳城市，促进低碳产品的开发、研制和使用，促进中国经济社会向低碳经济发展与转型。一方面，政府应对环保产业、节能产业、减排产业和清洁能源产业四种类型低碳产业发展进行补贴，如对环保产业的污水处理、固定废弃物处理过程中需要的技术、资金等给予补贴。另一方面，对企业向低碳模式转型进行补贴，如根据企业在转型中需要额外支出的人、财、物等方面的成本，以及根据企业对能源使用效率提高，节能减排做出的贡献等决定补贴额度的大小和时间的长短。此外，在低碳产品的研发、制造和使用等方面，政府也应该采取积极措施，通过财政补贴制度，鼓励开发商、生产商和消费者投向低碳经济领域。同时对使用可再生能源产品、生物能源产品、绿色产品、环保产品等的家庭或个人给予一定的补贴。

第三章 区域低碳经济发展的战略构想及路径

第一节 区域低碳经济发展的战略构想

一、中国发展区域低碳经济的 SWOT 分析

SWOT 分析法是由美国旧金山大学韦里克教授提出的，该方法是对机构或系统的内部因素 [优势（Strengths）] 和 [劣势（Weaknesses）] 和外部因素 [机会（Opportunities）和威胁（Threats）] 进行分析，以探讨寻求组织最优的发展战略。

（一）中国发展区域低碳经济的优势

1. 低碳资源潜力大

碳汇林业是指通过植树造林和森林保护等措施吸收固定二氧化碳，其成本要远远低于工业减排。党的十八大以来，我国坚持造林数量与质量并重，持续开展造林绿化，不断扩大森林面积、提升森林质量。我国森林面积达 231 万平方千米，居世界第五位；森林覆盖率达到 24.02%；森林蓄积量 194.93 亿立方米，居世界第六位；人工林保存面积 87.6 万平方千米，居世界第一位；我国林草总碳储量达到 114.43 亿吨，也居世界前列。我国通过持续大规模国土绿化，近 20 年来为全球贡献了约四分之一的新增绿化面积。《“十四五”林业草原保护发展规划纲要》提出到 2025 年我国森林覆盖率达到 24.1%，森林蓄积量

达到190亿立方米等一系列保护发展目标。中国森林生态系统对于减排的贡献将进一步提高。

湿地是全球最大的碳库，储存在泥炭中的碳占地球陆地碳总储量的15%，中国青藏高原高寒湿地、东北湿地以及分布在几大流域的湿地是巨大的碳库，这些湿地储存着15.03亿吨有机碳，其吸碳能力远远超过森林。“十三五”期间，全国新增湿地面积2026平方千米，湿地保护率达到50%以上，湿地储碳功能进一步增强。

此外，中国还是世界第二大草地大国，拥有草地面积265万平方千米，草原综合植被盖度达50.32%。草地作为陆地植被巨大的碳库，在减少和固定二氧化碳方面具有重要功能。除此之外，中国目前的耕地面积为9500万公顷，耕作土壤也是巨大的固碳潜力碳库。

上述这些资源都为中国低碳经济的发展提供了潜力和保障。

2. 可利用能源战略储备丰富

可再生能源与新能源在中国分布范围广、储量大，具备资源优势。中国有着十分丰富的太阳能资源，据统计，仅地表每年接收的太阳辐射能约相当于17000亿吨标准煤的发热量。同时，中国是世界上水能资源最丰富且具有优越水电开发自然条件的国家，蕴藏量占中国常规能源资源量的40%，技术可开发量5.4亿千瓦，经济可开发量4.0亿千瓦。此外，据初步统计，中国陆上距地面50米高度3级以上风能资源的潜在开发量约23.8亿千瓦，5～25米水深线以内近海区域海平面以上50米高度可装机容量约2亿千瓦。然而，中国的水利资源开发水平相比于发达国家还有很大的开发潜力。

中国大陆海岸线长达1.8万千米，有近200个海湾和河口可开发潮汐能，可开发的潮汐能年总发电量为619亿千瓦时。中国地热资源储量丰富，根据世界能源理事会（WEC）公布数据计算，5千米以内年可采储量为39.5EJ，相当于标准煤13.7亿吨。中国植物资源丰富，年均产生生物质能原料总量庞大，具有发展生物质能的潜力。农作物秸秆产量每年约7亿吨，可用作能源的资源量为2.8亿～3.5亿吨；薪材的年合理开采量约1.58亿吨。另外，还有大量的可用作生产沼气的禽畜粪便和工业有机废水资源，集约化养殖产生的禽畜粪便全国约有40336万吨，其中干物质总量为3715.5万吨。

（二）中国发展区域低碳经济的劣势

1. 高耗能产业比重大

在工业结构中，高能耗产业比重偏大；在产业结构中，低能耗的第三产业，特别是服务业明显落后。中国高能耗工业能源消耗比重过高的现状严重阻碍了中国低碳经济的发展。

2. 技术创新不足

技术创新是发展低碳经济的关键和核心。中国低碳技术研发投入低，创新能力弱，先进适用的低碳技术开发不足，技术仍以中低端为主，具有自主知识产权的高效低碳技术和产品少。中国具有比较优势的低碳技术，如太阳能光伏电池、生物质能技术等，仍与发达国家存在较大差距。

3. 低碳产业发展滞后

中国的低碳产业还处在发展的初期。目前，除水力发电、太阳能热利用和沼气外，其他可再生能源的产业体系薄弱，技术研发和设备制造能力均很弱，技术水平低。多半技术是通过清洁发展机制（CDM）引进发达国家的成熟技术，且不能获得其核心技术，因此导致产品成本高，缺乏市场竞争力。以地热资源为例，中国具有丰富的地热资源，这已经引起了各级政府领导和企业的重视，但目前地热开采尚处于探索发展阶段，还存在许多问题：一是多数企业生产规模不大，实力弱，过于分散，集约化程度不高，工艺落后，管理制度不完善，根本没有能力参与国际市场竞争；二是按照市场经济要求的地热管理体制和开发利用项目运行机制没有完全建立起来，影响地热产业的快速健康发展；三是地热资源的勘探、开发具有高投入、高风险和知识密集的特点，化解风险的机制和社会保障制度尚未建立起来，影响投资者、开发者的信心，制约着地热产业的发展；四是系统的地热开发技术规程、规范和技术标准尚不健全和完善。

总体来看，中国低碳产业的自主研发能力普遍不强，技术“瓶颈”已经严重制约了中国低碳产业的发展。中国低碳产业在技术和装备上与国外还有较大的差距，基本上没有核心的生产技术，要靠引进全套的生产线，这些都导致中国的低碳产业缺乏核心竞争力。

（三）中国发展区域低碳经济的机会

1. 国际低碳经济发展趋势

目前，全球经济正在向低碳经济转型，世界上各个国家正在为低碳经济采取行动。同时，各个国家将在世界范围内引发新一轮的产业结构调整和技术创新。美国着力发展新能源技术；欧盟重在提高“绿色技术”和其他技术至全球领先水平；日本重视环境能源技术的开发；法国着力开发可再生能源，包括生物能源、风能、地热能、太阳能以及水力发电等多个领域。

2. 中国发展低碳经济的法律政策支持

为了发展低碳经济，我国先后制定了一系列促进节能减排的政策，在客观上为低碳经济的发展起到了推进作用。

首先，政策支持。为强化应对气候变化的措施，中国政府于2007年6月发布了发展中国家在该领域的第一部国家方案《中国应对气候变化国家方案》，此后，又颁布了《中国应对气候变化的政策与行动》白皮书、《中国应对气候变化科技专项行动》、《可再生能源中长期发展规划》、《新兴能源产业发展规划》、《生态文明体制改革总体方案》、《2030年前碳达峰行动方案》等，都为中国发展新能源与可再生能源提供了良好的制度环境，也为国际科技合作创造了有利条件。

其次，立法保障。近年来，中国颁布了《中华人民共和国节约能源法》《中华人民共和国可再生能源法》《中华人民共和国循环经济促进法》《中华人民共和国清洁生产促进法》《中华人民共和国森林法》《中华人民共和国草原法》《民用建筑节能条例》等一系列法律法规，对节能减排、清洁生产的机制、方法、手段进行了明确规定，使节约能源资源、提高能源利用效率、控制温室气体排放以及增强应对气候变化能力有法可依，为中国发展低碳经济提供了法制保障。

3. 国际技术转让与合作

首先，在哥本哈根会议上发达国家已经向发展中国家做出了转让部分低碳技术的承诺，清洁发展机制就是促进发达国家向中国等发展中国家转移技术、资金的一个双赢机制。目前，中国是全球清洁发展机制市场的主要供给方，清洁发展机制促进了发达国家向中国低碳技术的转让。其次，通过与低碳经济发展较好的国家的交流与合作，引入发达国家的成熟技术，进行消化和再创新，使中国在发展低碳经济方面具有后发优势，如在清洁技术等方面位于世界领先地位的芬兰与中国已经达成了清洁技术合作的协议，在能源效率、减少排放、污水处理等方面开展合作。

（四）中国发展区域低碳经济的威胁

1. 政府配套政策不完善

到目前为止，中国还没有建立针对低碳经济发展的政策体系。

一是在补贴政策方面，目前中国对低碳经济行为的补贴不是很到位。在生产领域，为推动产业升级和经济转型实现低碳经济的发展，政府应对相关领域的技术创新给予财政支持，同时应建立财政科技投入的长效机制和稳定增长机制，明确资金额度和增长幅度，支持低碳技术的研究和开发，支持风能、太阳能等新能源产业的发展。在消费领域，应以政府补贴的方式支持节能产品的应用和推广、鼓励节能环保产品的消费和使用，同时应设立专项支持资金并确保专项资金的合理增长，加大对可再生能源开发利用和节能减排的支持力度，保证可再生能源开发利用和节能减排的必要支出，从而提高能源利用效率，减少温室气体排放。

二是中国目前的税制中没有专门促进低碳经济发展的税种。中国在发展低碳经济的过程中使用的行政手段居多，在实施过程中出现了很多问题，应多考虑用财税政策来实现节能减排的目标。碳税是一种混合型税种，其税率由不同能源的含碳量和发热量决定，通过设计这种差别性的税率，可让排放者承担起相应的社会成本。英国于2001年在全世界率先推出碳税，对使用高碳能源的工业、商业、公共部门开征气候变化税，2010年，美国、日本、德国等国家开始对化石燃料课征碳税。因此，从有利于环境产业发展和环境治理技术进步的角度出发，中国要加快碳税和环境税政策的制定。

2. 技术和资金的制约

技术创新是发展低碳经济的关键，研发低碳技术创新的资金短缺，使中国在低碳经济方面的研发比较薄弱，严重制约了技术创新。目前中国在新能源产业方面的资金投入还很不足，很多大规模低碳技术项目的投资主要靠政府暂时性的投资财政补贴措施，存在无法保障长期可靠运行的隐患，并且补贴力度不够，投资者无法获得合理利润，很多项目搁浅，因此国家必须针对低碳技术创新项目加大财政投入力度和支持力度，为技术创新提供充足的资金保障。另外，融资机制的供给不足也使低碳经济的发展缓慢。由于低碳技术项目的周期长、投资大、风险不可预测等特点，多数银行不选择放贷给低碳技术项目，尽管部分银行推出了绿色信贷通道，但放贷数量非常有限，很难满足低碳技术项目的大量资金需求量，而且获得贷款的难度也很大，以致不能满足低碳技术发展的资金需求。

目前，发达国家已经形成了以碳排放权交易、碳期权期货等一系列金融工具为支撑的碳金融体系，弥补发展低碳经济遭遇的资金缺口。这一点，值得中国借鉴。

二、中国发展低碳经济存在的障碍

（一）政府层面存在的障碍

1. 制度障碍

中国处于经济发展转型期，既要发展又要兼顾生态环保，二者之间的均衡难以把握。

未来一二十年是中国经济发展的关键时期，同时也是温室气体排放的主要阶段。中国经济水平、社会制度以及社会生产力水平等因素的制约导致了环境的严重破坏。为了在保持经济稳定增长的同时保证良好的生态环境，中国应汲取发达国家在工业化过程中的经验和教训，不能走“先污染后治理”的老路，要重新制定国家的相关法律法规和规章制度，努力寻求可持续发展道路。

2. 服务功能不足

政府低碳服务职能发挥不足，在低碳融资、技术研发、宣传教育及鼓励等政策方面都有待进一步加强。目前，由于节能项目存在资金和技术方面的风险，很多金融机构对企业的节能项目兴趣不大，导致不少低碳项目陷入“政策热捧、融资冷遇”的尴尬中。中国大规模低碳技术项目的投资主要靠政府临时资助，这些都只是暂时性的投资财政补贴措施，还没有形成稳定的政府资金投入机制；政府应对节能环保的优秀企业加强鼓励和宣传，对其成功经验和做法在总结提高的基础上大力推广。

3. 对外职能发挥不足

低碳经济已经成为世界潮流，在经济全球化发展的今天，更需要我们积极参与国际交流与合作。目前，中国政府对低碳壁垒应对不足，对高碳产业转入监管不力，对低碳技术交流及对外融资平台构建不足，这些问题都限制了中国低碳经济的发展。当前发达国家正在增推“碳标签”，征收低碳税将成为新的国际贸易壁垒，中国的钢铁、机电、化工、纺织等高碳、高能耗产品被征收碳税将不可避免。另外，中国的对外融资能力对于中国如此庞大的低碳投资市场是远远不够的。

4. 财政投入政策障碍

从国家层面上来看，中国将发展低碳经济列入国家战略的时间不长，系统的低碳经济财政政策还没有形成。目前，已实施的财政政策分项较多，各政策相对独立，相互之间没有协作，而且资金投入项目的分布差异较大，大量资金用于淘汰落后产能和加速经济结构和能源结构的转变，而对低碳技术的投资较少。

5. 市场机制缺乏引导

中国发展低碳经济多是运用行政手段，强制进行节能减排工作。在财政政策的使用中，使用最多的是政府干预，没有合理利用市场机制以及财政政策中的财政补贴、减免税等政策去引导国内企业进行节能减排。目前，中国对于可再生能源投资项目的补贴面相对较窄，额度、比例都较小。再者，由于中国统一的碳排放市场未建立，相关低碳节能产品的标准认定还不够规范。

（二）产业层面存在的障碍

1. 产业结构障碍

由于中国正处于工业化、城市化的快速发展阶段，中国产业结构以高能耗产业为主，重工业比重大、城市基础设施建设任务重和消费结构升级导致对能源的需求和温室气体排放呈不断增长趋势。中国城镇建设飞速发展，城市和农村的基础设施建设以及居民消费结构升级都对重化工产品产生了巨大的需求，钢铁、水泥、电解铝等高能耗产业迅速扩张，重工业投资加速，高能耗部门在国民生产总值增加值中所占的比例越来越大，而今后更是中国基本完成工业化中期任务并进入后工业化阶段的重要时期，以机械、钢铁、石化为核心的重化产业群和以“出行”为特征的汽车工业、船舶工业将会以更快的速度发展。

2. 能源结构障碍

在中国的能源探明储量中，煤炭所占有的比重高达 94%，石油和天然气仅占 5.4% 和 0.6%。煤的碳密集程度比其他化石燃料要高得多，决定了短期内中国仍无法摆脱以“高碳排放”为特征的能源结构。中国是世界上煤炭消费量最多的国家，占世界煤炭消费量的 1/3 以上，中国主要的能源消费要依靠煤，且与发达国家相比，中国煤炭的利用效率较低，发电以煤炭为主，水电、风电和核电的比重还相对较小。在中国，电力、冶金、化工和建材四个行业是主要耗煤产业，其需求量约占煤炭总消费量的 70%。其中，电力行业煤炭消费量（动力煤）占总消费量的 50% 以上。从国民经济的持续发展，电力、冶金、化工、建材等主要耗煤产业对煤炭需求不减、消费逐年递增的状况来看，短期内以煤炭为主的能源结构不会改变。

3. 低碳产业发展缓慢

低碳产业涉及电力、交通、建筑、冶金、化工、石化等多个行业，行业、产业链之间及内部存在既相互依存又相互竞争的复杂关系。由于中国低碳产业起步较晚，发展缓慢，市场机制及规范尚不健全，产业发展存在颇多问题。首先，由于高碳产业的节能减排是一个系统工程，涉及众多的行业，因此，围绕节能减排的产业形成一个低碳经济的产业集群，实施起来有较大的难度；其次，中国缺乏高碳产业低碳化的政策法规保障体系，未建立如落后产能淘汰机制、合理财政税收政策以及高碳产业低碳化转型机制，未制定低碳技术创新激励产业技术政策；最后，工业项目的高能耗产业准入的市场门槛过低，短期内很难淘汰或搬走，极易造成“碳锁定效应”，加之高碳产业的经济结构、就业、科技发展水平、能源结构等都是紧密联系的，因此，对“高碳”产业的触碰更是牵一发而动全身。

（三）企业层面存在的障碍

1. 制度缺陷

企业在低碳经济发展中起着重要的作用，但目前大部分企业低碳生产规章制度不健全，未实施企业低碳生产责任制度，也未制定产品的碳排放技术标准，正是由于这些机制的缺乏才导致企业节能减排的成效低下，企业碳排放权配额是指将行业领先的节能减排标准作为企业制定碳排放的标准，一旦企业碳排放超标，必须购买其他企业通过节能减排节省的指标，这种机制有助于企业节能减排取得较好的成效。中国已在实施企业碳排放权配额，鼓励企业提高技术、节能减排。

2. 技术落后

企业自主研发能力不足，低碳技术研发及使用落后，不利于低碳生产的实行。目前，中国大部分企业具有明显高碳特征的生产设备，由于低碳技术的研发资金短缺和企业的低碳意识薄弱，技术创新存在很多的不确定性。企业有关低碳经济的技术创新能力不足会直接影响中国经济从高碳向低碳的转变。另外，在多数情况下，企业引进发达国家的低碳技术只是为了使企业在短期内获利，而并非引进后进行消化和吸收进而提高企业自主研发的能力。

3. 资金短缺

企业技术研发资金大多来自企业内部，数额有限，限制了低碳技术研发工作的推进。发达国家在低碳企业发展方面给予了强有力的财政政策支持，而中国在这方面做得远远不够，目前中国极其需要加强企业筹措资金制度改革，来鼓励社会资本的投入；另外，由于中国金融机构对资金回笼的要求周期短，而低碳企业资金使用周期长、风险大的特点也导致中国低碳企业融资难。国家应建立企业生存投资的评估体系，从而帮助金融机构规避资金投入的风险。

（四）公众层面存在的障碍

1. 居民低碳意识不强

目前中国的低碳意识还比较薄弱，对生态环境保护、低碳产品的消费、低碳生活方式等低碳方面相关宣传教育的不足，使中国居民多对低碳理念知之甚少。在公共消费方面，存在普遍浪费现象；在个人消费方面，奢侈消费和私家车数量逐年递增，粮食浪费严重。可见，居民的低碳知识普及有待提高，低碳意识有待强化。

2. 居民低碳参与热情不高

一是居民个人低碳消费观念不强；二是低碳权利意识淡薄，未意识到对社会其他行为主体低碳行为的监督权力。公众未意识到习以为常的消费模式和生活方式都会浪费能源资源和增排污染，忽视了生活中节电、节油、节气、垃圾回收以及绿色出行等细节，未意识到再小的一分力量都是对发展低碳经济、构建低碳社会的一种支持。

第二节　区域低碳经济发展的战略框架设计

一、目标层

在低碳经济发展的目标层，重点突出“转型”和“创新”两大战略。围绕“转型”战略，主要强调经济发展模式转型和公众生活习惯转型两个重点领域，明确企业和公众在发展低碳经济中的地位；围绕“创新”战略，主要强调体制创新、技术创新和碳金融创新三个创新领域，通过体制创新为低碳经济发展提供动力基础，通过技术创新为低碳经济发展提供有力支持，通过碳金融创新为低碳经济发展提供资金保障。

二、任务层

在低碳经济发展的任务层，提出了培育群众的低碳就业和创业能力、加强能源发展战略研究、发展低碳产业群、构建低碳区域发展格局、努力避免碳锁定以及调整产业结构等六项重点任务。

（一）培育群众的低碳就业和创业能力

低碳经济的发展离不开广大群众的参与，通过对劳动者低碳专业知识的培训和对低碳意识素质的培育，使更多的劳动者能够在低碳领域就业和创业，从而促进中国低碳产业的发展。

（二）加强能源发展战略研究

发展低碳经济需要在战略上加强能源发展战略，制定在关键技术和产业领域占领制高点的能源战略规划。在能源总体规划的基础上调整优化能源结构，大力发展新能源产业。首先，逐步调整以煤炭为主的能源结构，提升石油、天然气的战略地位，特别是增大天然气在中国能源结构中的比重，使其成为中国能源发展战略中的支柱之一；其次，通过加快提高新能源领域的核心技术创新能力发展可再生能源产业，逐步将太阳能、风能、水能、核能等可再生能源由补充能源上升为代替能源乃至主要能源的地位。

（三）发展低碳产业群

低碳产业集群是低碳经济时代产业集群发展的主要模式，发展低碳产业集群迎合了提高中国产业和企业竞争力的长远需求，为从根本上摆脱中国产业集群集中于生产制造环节，处于全球价值链最低端的局面，中国目前高碳产业集群转型升级的目标是加快发展低碳产业集群的步伐，解决被碳锁定的问题。通过大力发展循环经济、积极实行清洁生产、严格执行各项环保法律法规将传统制造业集群改造为低碳产业集群，通过立足制造业、新能源新材料行业、沿海产业带集群将生产性服务业集群定位为低碳产业集群，将工业园区综合优化为低碳产业集群。

（四）构建低碳区域发展格局

结合中国区域经济和发展特征差异化的特点，针对不同区域的低碳经济发展状况，制定低碳经济规划以明确低碳产业的发展布局，具体是要明确区域低碳发展的产业定位、具体目标、发展方向、重点项目、基本原则以及时空布局。同时应根据国家节能减排的工作计划，鼓励建立低碳经济示范区，构建低碳城市公交系统，开发低碳居住空间等为公众积极参与创造低碳经济发展有利条件。在低碳区域发展布局方面，应把碳排放强度指标作为中长期发展规划的重要约束条件纳入其中。

（五）努力避免碳锁定

在中国工业化进程中，短期内不可能解除碳锁定，只能努力减少碳锁定效应。要达到此目的，需要以技术和制度为突破口来制定相应的政策措施。技术层面上，要通过政府部门为新技术提供更多的补贴措施和优惠政策，大力发展低碳技术，推动技术升级，促进低碳技术的推广应用，加强国际交流合作以借鉴和吸收国外的先进技术，加快摆脱高碳发展方式的步伐。制度层面上，要推动融资机制的创新为新技术的研发和推广提供资金保障，要制定和健全能源系统的相关法律法规以严格限制企业高能耗技术的使用和加大新技术的投入使用。

（六）调整产业结构

产业结构调整重点在于通过改造和提升传统产业、培育和发展新型战略产业等措施加快传统产业向现代工业转变。在改造和提升传统产业方面，一要推动传统产业高端化，提高现有产业的层次和附加值；二要通过高新技术向传统产业渗透融合、产业间的功能互补延伸、产业内部的重组融合等来加快产业融合；三要加速产业集群的发展。在培育和发展新型战略产业方面，培育新兴产业的内部动力在于知识创新和技术创新，外部动力在于政府的激励扶持政策；要加快第三产业的发展，尤其是发展现代服务业，降低国民经济发展对工业增长的依赖程度，努力实现促进经济增长由主要依靠第二产业带动向依靠第三产业协同带动转变的目标。

三、保障措施

在低碳经济发展的保障层面，根据“创新”与“转型”的具体要求，提出了构建完善的低碳财政税收激励机制、构建低碳经济的市场体系、建立环境监测机制、构建国家创新系统、转变政府职能、制定消费政策等六项保障措施，这些措施的落实和实施有助于增强低碳经济发展所要求的外部保障。

（一）构建完善的低碳财政税收激励机制

中国需要建立激励与约束措施相结合的低碳财政税收机制。通过实施财政税收激励措施，充分调动各利益主体的积极主动性。例如，运用财政拨款有选择性、有针对性地集中力量解决能耗大、排放大的重点领域问题；运用财政贴息解决实行节能减排企业的资金问题，运用财政补助支持低碳技术、新能源产业以及使用节能产品的消费者；通过完善转移支付制度，加大对地方政府推进节能减排、发展低碳产业、开发可再生能源的资金支持力度；完善政府采购制度，通过政府对环保节能产品采购的引导加大对环保节能产品的支持力度。

（二）构建低碳经济市场体系

目前，中国主要通过行政手段即“命令和控制模式”推行减排，但市场机制对控制温室气体排放的效果会更好。低碳金融作为应对气候变化的新工具，能够通过价格来控制温室气体的排放，以最低的成本降低整个经济体系的碳排放，调整不同的经济主体利益，引导、鼓励产业结构优化升级，转变经济增长方式，为低碳经济的发展提供驱动力。因此要重点推进碳金融市场的有效运行，通过搭建多元化、多层次的碳权交易平台，完善金融服务支撑体系及监管监测机构等措施来建立统一的碳金融市场。

（三）建立环境监测机制

环境监测能够为控制污染、改善环境提供切实可行的依据，是保障低碳经济发展的基础。通过加强监测人才队伍的建设、健全环境监测工作机制等措施来加强对环境监测的管理，提高环境监测的技术水平。

（四）构建国家创新系统

构建低碳技术的国家创新系统，提升低碳技术的创新效率和创新能力。国家创新系统的构建是新型工业化对低碳技术创新的要求，把低碳目标纳入国家技术创新体系中。明确国家创新体系的目标是在经济增长的基础上促进自然的生态平衡和社会和谐；完善激励低碳技术创新的金融、财政等优惠政策，健全培养创新型人才的机制，加强低碳技术创新设施的建设；制定低碳技术创新成果的评定标准，推广低碳技术的应用，制定低碳知识产权保护制度，从而为低碳技术创新提供社会支持力。

（五）转变政府职能

政府在低碳经济发展过程中的职能主要是负责协调经济发展与资源环境的关系。在资源能源环境中，政府需要出面解决诸如二氧化碳排放的外部性等市场机制解决不好的问题，以弥补市场失灵；调整以 GDP 为导向的地方政府公务员绩效考核体系，消除各级政府为提高政绩而对高能耗、高污染、高排放项目控制不严格造成严重环境污染来实现当地 GDP 增长的现象，取消 GDP 指标考核，把节能减排、二氧化碳的排放强度、可再生能源的利用比重等作为约束性指标加以明确，要求各地政府努力完成，对于按时完成指标的地方政府给予奖励和表彰，对于不能完成的应追究地方政府的责任，从根本上解决地方政府以牺牲环境为代价引进高排放、高污染项目的问题，从而转变只追求 GDP 数字的政绩评价标准和政绩观念，将经济增长的质量放在首位。

（六）制定消费政策

目前，中国关于居民消费行为的相关政策较少，从发达国家发展低碳经济的经验来看，鼓励、规范和限制居民碳排放行为的消费性政策对低碳经济的发展也起到了关键性的作用。

第三节　区域低碳经济的发展路径

一、转变区域经济发展方式

（一）产业发展方式调整

区域经济发展方式调整包括三个方面的内涵：一是调整消费、投资与出口之间的结构；二是调整三次产业之间的结构；三是提高产业技术水平。具体分析区域发展方式对区域碳排放的影响因子，包括生产部门能源结构、生活部门能源结构、生产部门能源强度、产业中间投入结构、制造业内部结构、二三产业内部结构、三次产业结构、需求分配结构、需求直接能源消费率及进口率等。区域产业发展方式的调整，即上述影响因子的调整，核心是以技术、知识、管理、工艺等的创新转变产业发展的核心促进要素。

1. 需求分配结构转变

需求分配结构调整，即居民消费、政府消费、固定资产投资及出口在总需求结构中的调整。在通过出口、固定资产投资、消费传统等来拉动区域经济增长的主要方式中，三者的结构变动影响区域低碳经济发展水平。在经济全球化背景下，欠发达区域参与国际产业分工，典型的“三来一补”（来料加工、来样加工、来件装配和补偿贸易）、“两头在外”（原材料供应和产品销售放到国际市场上），以出口拉动的外向型区域经济发展模式中，区域碳排放强度逐渐增加。因为，在全球产业分工体系中，发达区域转出高碳产业或产业环节，欠发达区域在承接产业转移带来区域经济发展的同时承接了高碳压力。固定资产投资的增加带来区域碳排放的明显增加，发达区域长期累积的基础设施，工业基础在现阶段发挥作用，固定资产投资率低，碳排放相对较低，欠发达区域发展的基础设施、装备工业的现实要求突出了对固定资产投资的迫切需求，以投资带动经济要素需求的增长，发展区域经济造成区域碳排放的急剧增加，在区域发展基础基本满足区域未来发展需要的基础上，逐步降低固定投资的比例。消费内部结构的调整——市场中居民消费份额的上升和政府消费份额的下降，加之居民消费的碳排放强度明显高于政府，因而合理降低居民消费的碳排放强度是调整消费结构、降低碳排放水平的重要方向。

2. 产业结构优化

欠发达区域快速增长的经济发展在产业结构上变化明显，突出的是非农产业尤其是第二产业比例大幅上升，第一产业比例持续下降，第三产业比例增加但增幅小于第二产业，体现了区域产业结构的升级。由于第二产业碳排放强度远高于第一、第三产业，区域产业结构调整的阶段性结果是碳排放水平的上升。在产业结构中，第一、第二、第三产业的发展都会增加碳排放量，但单位产出增加量不同，第三产业普遍小于第二产业。在产业结构进一步优化，区域第三产业比例超过第二产业成为区域主导产业时，区域碳排放强度降低。第三产业区域产业间结构变化体现了区域所处工业化阶段产业发展特征，欠发达区域从工业化前期向工业化中期发展转变，三次产业结构变化体现为第二产业、第三产业的先后快速增长，区域碳排放水平先增后降，符合环境库兹涅茨曲线的基本特征。从区域低碳发展出发，区域产业间结构持续升级与优化，最终实现第三产业主导的产业结构体系符合低碳发展要求。

三次产业内部结构优化同样促使区域碳排放水平降低。区域经济发展过程中，第二产业部门结构变化突出表现为制造业比例的大幅增加，建筑业比例大幅降低，能源供应及采掘等基本保持不变；第三产业内交通运输比例增加，现代服务业、银行、财务、证券、金融租赁、保险中介等高端金融服务；第三方物流、航运交易、船舶管理等物流服务；电信增值、互联网服务、卫星应用等信息服务，以及咨询、会计、法律等专业服务，特别是生产性服务业比例大幅增加，传统的零售、餐饮、住宿等整体比例略有下降。制造业部门内结构升级促进区域碳排放水平的降低，制造业部门内传统的食品加工、纺织、服装皮革加工、金属冶炼及压延、机械制造、石油天然气加工、煤炭、化工等资源能源密集型、碳密集型行业比例下降，通信设备、生物医药、集成电路、装备制造、电气、机械及器材、制药业等知识技术密集型行业比例上升，结构升级促进区域碳排放水平降低，在不同工业产业领域，以技术创新升级、工艺流程改进、企业治理方法创新等综合提高产业的经济效应及能源绩效，减少碳排放，实行产业低碳发展。

3. 进出口结构调整

在低碳经济全球化的发展背景下，全球贸易体系中商品贸易的交易与依附于商品内的碳排放转移同时进行。国际贸易对区域低碳发展存在尺度、结构和技术三种维度的影响效应，尺度效应指国际贸易对经济增长的正面影响及其带来的区域碳排放水平的增加；结构效应指贸易专业化对区域行业结构的影响，由此带来区域低碳发展的正面或者负面影响，取决于区域行业专业化的发展水平；技术效应指国际贸易对区域生产效率的促进与提高，对区域低碳发展的积极影响。商品生产区位、消费区位以及碳排放区位的分离构成了区域低碳发展的外部影响因素。

受国际产业分工的影响，欠发达地区主要集中于生产资源、能源密集型高碳型产品，发达地区在不改变消费模式的前提下集中于知识技术密集型、服务密集型产品，使得发达区域高碳产品进口高于出口，而欠发达地区高碳产品出口高于进口，进出口商品中隐含的碳排放成为影响区域低碳发展水平的重要因素，欠发达区域出口支撑发达区域对能源密集型商品的消费需求。在全球碳排放“生产者负责原则”“消费者负责原则”或者“共同负责原则”机制下，除去共同的责任，在全球贸易体系中，参与国际产业分工的区域低碳发展核心在于优化进出口结构，降低出口产品中隐含的碳排放水平。

4. 能源结构调整

在区域经济发展过程中，产业经济活动低碳发展重要表现形式就是能源使用效率提高及其低碳效应的发挥，能源结构的优化可以有效降低区域碳排放强度。发展区域低碳能源供应网络包括三个方面：一是在区域现行能源供应网络中，通过改进工业过程、优化能源使用、整合高级发电技术，将碳捕捉与存储融合到工业生产过程等系列技术手段，改善能源开发生产、输送、转化和利用过程中的使用效率并且减少能源消耗，降低经济发展必不可少的能源供应中的碳含量，减少能源使用中的碳排放。二是发展可再生能源、绿色能源，如风能、太阳能、生物能、海洋潮汐能等，建立清洁能源产业体系，代替化石能源，使区域能源结构多元化，优化能源供给结构，逐步向低碳化、无碳化方向转变。三是集中研发和应用一批核心低碳技术和新型低碳材料，如利用纳米科学与纳米材料革新可再生能源与反应装置。目前世界比较先进的可再生能源应用所设计的功能性纳米材料，如太阳能电池的光催化、分解水制氢、经济有效贮氢、新一代燃料电池薄膜与玻璃纳米结构材料等，这些纳米材料在太阳能、清洁煤、地热能输送以及未来基于氢能的交通运输方面将会引起重大突破。另一类就是生物质发电、生物质液体燃料等技术的突破，涉及糖类和木质纤维素类生物质向燃料和化学产品的微生物转化。

（二）经济发展驱动要素调整

在传统区域发展模式中，特别是在欠发达区域，原料、劳动力、市场是影响企业区位选择的主要驱动因子，也是推动区域产业经济发展的主要作用因子，生态环境、居民生活质量则被视为企业发展的负担。出于发展的需要，区域盲目地提升经济密度与加大经济开发强度，生态与经济并未建立一种和谐与平衡的关系；绝大多数快速发展中区域都存在着“生态依赖”现象，这种依赖往往使经济与生态成为一对矛盾，并且没有一种有效的方案能快速解决区域的可持续发展问题，区域发展一般陷入“先污染后治理”的路径锁定。在低碳区域发展模式中，知识成为核心要素，创新成为区域发展的核心驱动力。随着经济全球化、科学和技术的突破、交通运输成本下降，劳动力、原材料及商品的流动更为快捷，原料产地、劳动力、商品、服务的空间灵活性大幅增加，对企业区位的影响减弱；而区域生态环境质量、本地居民生活质量、区域经济政策则通过嵌入生产过程，影响产品和服务的生态安全水平与售后服务保障，影响员工与企业的互动状况，影响企业的形象和区域品牌，区域知识流、信息流的快速转移与转化及其建立在此基础上的创新影响企业的核心竞争力，进而逐渐成为重要的区位因子，区域经济发展要素调整成为区域低碳发展的核心。在低碳经济发展要求下，未来区域发展是信息因素（创新环境、信息技术）、人文因素（制度因素、历史文化）、经济因素（市场因素、劳动力因素）、空间因素（交通通信、空间环境）综合促进的作用结果，生态环境是区域经济发展的重要影响因素之一。

在传统区域经济增长模式中，自然资源、投资、劳动和人力资本（专业人员的知识和技能）四要素在增长中的贡献与结构是以资源、资本投入为主体，劳动和知识、科技投入比例较低，知识、科技及管理在经济产出中贡献比重较低，区域经济增长以资源能源投入为基础，我国前期发展主要表现为土地资源的超额利用，工业原材料，煤、石油、天然气等能源的大规模投入，政府大规模的投资拉动。造成经济内部结构失衡的同时，环境资源压力显著增加。在区域低碳发展转型中，劳动和人力资源（科学管理、知识投入、技术创新）要素投入比例增加，在经济增长中的贡献比例增加，逐渐成为区域经济增长的核心促进要素，实现区域经济增长驱动要素的转变。

在系列驱动要素中，突出强调技术创新的核心作用。区域发展模式转型建立在技术突破与创新基础上，技术创新是区域实现低碳发展的根本，包括两层含义：一是涉及低碳能源技术、节能减排技术、碳捕获与封存技术等可以直接降低碳排放的技术要素与构成；二是现行经济结构中，不同产业与行业发展中涉及的科学技术创新，全行业全方位的技术水平突破，通过技术创新提高资源的利用效率、劳动效率和经济效率；三是区域经济发展中，全新的革命性的技术突破可以引领全球区域经济在更高层次上发展，如蒸汽技术、电子技术、生物医药技术及下一代新概念技术的突破。不同类型区域技术创新的基础和目标不一致，其根本是突出技术创新在区域发展中的促进作用。

（三）典型产业的低碳发展途径

建筑是区域碳排放的主要来源之一，低碳建筑行业的发展是低碳产业发展的典型。开发低碳建筑技术与共识低碳建筑核心思想是在建筑设计、建筑材料与设备制造、施工建造和建筑物使用以及拆除报废的整个生命周期内减少化石能源的使用，提高能效，降低二氧化碳排放量，保护环境、减少污染。低碳建筑技术体系包括 8 个部分：低碳设计、低碳用能、低碳构造、低碳运营、低碳排放、低碳营造、低碳用材、增加碳汇。具体而言，低碳建筑要求把节能作为无碳资源，将节约的资源统一作为一种替代资源看待，形成零碳排放的虚拟能源。主要技术手段是将太阳能与建筑一体化，如薄膜光伏遮阳设施、相变蓄热墙、太阳能制冷、太阳能除湿、光热发电等。同时提高光电光热转换效率，提高用能设备的使用效率。将低碳管理融入建筑使用过程，对建筑企业以及地区进行碳审计，通过中介服务企业提供融资、改造服务。倡导被动式节能技术，利用无碳的被动式节能技术，如昼光照明和自然通风等。从内涵上讲，低碳建筑与我国目前推行的绿色建筑基本是一致的，同属于可持续发展建筑，但低碳建筑可以更加明确地突出此类建筑的特性。

同时，基于全生命周期分析的研究表明，建筑的能源消耗和二氧化碳排放主要集中在建造和使用过程中，而建筑在长达数十年甚至上百年使用过程中的能耗和二氧化碳排放则比建造过程中的高出很多。为了能够实现建筑使用过程中的节能和二氧化碳减排目标，大量的研究和发展项目开始侧重于换角度思维，并将重心转移到在实践过程中更好地诠释“完整的可持续建筑观”这一概念上来。在这个基础上，技术更新换代与社会文化背景有机地联系在一起，人们开始从社会和技术的双重层面展望低碳建筑的研究与发展。西方发达国家提出低碳建筑发展的两种思想：“生态可持续说”与“技术可持续说”。前者强调在建筑设计和营造过程中，在采用任何附加技术前，建筑师必须优先考虑被动式的低碳策略，并鼓励社会进行生产和生活模式的转变；后者试图通过技术的革新和市场化的手段来解决建筑设计低碳发展的要求。按照贝叶斯网络模型，技术提高带来的“能耗品性能”所影响的只是最终建筑二氧化碳排放的一个部分。

二、低碳区域的地域系统优化

在从工业文明向生态文明转型的过程中，区域低碳发展通过产业结构调整、发展模式转变、技术创新等途径实现低碳经济目标，通过低碳消费理念与低碳生活方式的转变实现低碳社会目标。在发展中城市及发达城市中，产业经济活动之外的城市碳排放主要来源于城市交通与住宅、商用和公共建筑：城市空间结构对居民日常行为模式的影响，尤其是城市空间结构对交通出行选择具有直接影响。因此，低碳城市发展规划与建设的实现，有赖于低碳城市空间的构建以及低碳行为模式的培育，低碳城市规划是实现低碳城市发展模式的有力保障。

（一）城市空间组织模式创新

1. 城市空间规划的反思

城市空间组织模型对城市能源消耗、城市土地集约利用等经济效益，以及对城市空间的可持续性、城市社会的稳定与和谐、城市居民生活质量提高等社会效益，均具有直接影响。以居住空间、工作空间关联为例，目前发展中城市在城市规划中存在着职住分离与空间错位的问题，主要表现在三个方面：第一，在经济发展过程中，中心城区传统制造业外迁，向郊区工业园区或工业中心集聚，导致部分原城市中心及近郊区内缘的企业员工必须长距离通勤，而居住于城市外围区域的新兴区白领阶层必须经过长距离通勤向城市中心CBD 区域集中，不同类型员工每天逆向的长距离通勤对城市交通造成巨大压力，交通系统的碳排放难以降低；第二，在城市旧城改造、拆迁安置过程中，大量内城居民及部分企业员工被动迁往郊区，且部分单位居民主动购买郊区新建商品房，而工作单位仍在城市中心，他们必须承受郊区化造成的职住分离与长距离通勤；第三，受城市房价、生活基础设施等因素影响，城市新兴工作人口租赁城市近郊老旧房屋居住，形成向城市中心或者郊区工业园区的长距离通勤，增加了城市交通压力，带来诸如汽车增加、交通拥堵等一系列问题，城市碳排放水平也随之急剧增长。基于对前面问题的思考，学者研究了低碳城市空间的构成特点，城市构建低碳城市空间战略的组织模式包括基于地租原理的分区制，及基于职住接近原则的单位制。

2. 城市分区制

分区制是基于城市土地的地租理论，通过城市土地功能及其在地域上的分化实现城市土地经济效益的最大化。分区制对城市土地与空间集约利用，城市能源消耗与城市居民日常生活等城市低碳发展影响较大。基于分区制的城市空间规划，主要功能区之间的人流、物流、交通流等连通对交通基础设施规模、类型与质量要求高，且随着功能区的拓展，基础设施对城市土地与空间的要求不断增长，占地规模越来越大。城市工业、居住、商业等不同类型功能区空间分离，增加了城市居民的出行要求，推动了汽车的使用，导致城市交通碳排放的增加。同时分区制使城市内部居住与就业分离，导致居住空间、就业空间与购物空间的日常生活空间分割。城市中居民长距离通勤，钟摆式的大规模人口移动使得通勤者每天耗费大量的时间通勤，导致生活质量下降。家庭成员之间日常活动的空间易产生错位，致使成员之间关系的疏远，进而可能导致离婚率与青少年犯罪率的增长。此外，快速城市化过程中为了满足急剧增长的居住需求而新建的郊区社区在后期可能面临衰败的境地，造成城市土地的严重浪费。发达地区城市化过程中出现的再城市化、中产阶级化现象，在一定程度上反映了城市居民对功能多样化的城市中心区的回归。因此，从长时间尺度上看，土地功能的过度分化并不利于城市空间的可持续发展。新城市主义、精明增长、紧凑城市等思想应运而生，并对分区制进行修正。

精明增长规划主张紧凑型城市形态最具有可持续性。在发达城市，城市规划向着紧凑化发展、填充式开发的方向转变，促进自然资源、基础设施的有效利用，注重对城市边缘农田和生态空间的保护，主动提高社区生活质量，并进一步提高居民对住宅的支付能力。精明增长强调在城市增长和保持居民生活质量之间建立联系，在新发展社区和既有社区改造之间保持平衡，新增加的用地需求应趋向于紧凑的已开发区域，其目标是通过规划紧凑型社区，充分发挥现有基础设施的效力，以多样化的交通和住房选择来控制城市蔓延。精明增长规划将交通和土地利用结合，促进多样化的交通出行选择，通过公共交通导向的土地开发模式将居住、商业及公共服务设施混合配置，将敞开空间和环境设施的保护置于同等重要的位置。

精明增长改变传统的以城市发展为主导的区域发展目标，将城市的发展融入区域整体的生态系统，提出“城市增长边界”，突出城市用地需求增长应受到区域整体生态系统的均衡和公平制约。一方面通过建立公共交通和土地利用之间的有机联系，设计混合功能的社区，加强城市内部废弃土地的再利用来减少用地的外延扩展；另一方面强调“城市增长边界”，保持土地的集约化使用，新增用地需求集中于现有建设区域内，减少对农业和生态区域的侵占。综合来看，精明增长理念的核心是在“区域生态公平”的前提下倡导“科学与公平”的城市发展观，是对城市发展的三个关键问题（空间结构、用地模式、交通体系）的综合考虑，核心内涵包括土地混合使用，紧凑规划空间，多种选择的住房，适合步行、自行车的社区，多模式的交通方式等。

3. 单位制

单位社区内部土地功能混合，居住就业空间接近，居民通勤距离和通勤的时间较短，步行与自行车等非机动出行方式占主导，能够有效减少交通碳排放。单位社区内部功能复合，住房、生产设施、生活服务设施等在较小地域空间内集中，工作、居住、商业空间高度重合，促进了家庭稳定，有助于形成共同的社区认同与归属感。在人口老龄化问题方面，居民长期形成的单位情结和牢固的社会网络促进了社区养老模式的创新。职住接近的单位社区在居民生活质量、城市低碳排放及社区的可持续发展等，在低碳城市发展方面有着显著的优势，在土地功能混合、步行社区、地方情感根植等方面接近于精明增长的空间组织模式。综合来看，在单位制空间规划模式上形成的低碳城市空间的组织模式，首先可以培育城市居民低碳的行为模式与生活方式，倡导城市居民低碳出行，从源头降低碳排放。其次，低碳城市空间的规划以提高城市居民生活质量、维系社会稳定与和谐为根本目标。低碳的城市空间在经济上要求资源节约型环境友好型，在社会发展上成为提供良好社会福利的空间载体。最后，低碳的城市空间组织模式在时间尺度上保持可持续性，在较长时间尺度上保持土地集约节约利用。

（二）区域空间结构低碳规划

可持续发展理论基本共识集中在经济效率、社会公正、环境可持续，以及达到目标的制度安排。城市规划本身不是科学技术，无法推动城市经济发展，但城市规划是生产制度的组成部分，能够在城市土地开发竞争中降低交易成本。城市规划关注社会公正，在公共住房、公共空间、公共交通建设及制度与政策等方面融合社会不同阶层的差异化需求。在推进融合过程中，自下而上的公民运动、自发的社会组织运动等以及政府主导的规划相互作用、共同推动。按照世界自然基金会（WWF）提出的“CIRCLE”原则，即紧凑型城市控制城市蔓延（Compact）、个人行为倡导的低碳消费行为（Individual）、减少资源消耗潜在的影响（Reduce）、减少能源消耗的碳足迹（Carbon）、保持土地的生态和碳汇功能（Land）、提高能效发展循环经济（Efficiency），低碳区域空间形态发展主要决定于三个方面：城市空间规划、低碳建筑技术创新和居民低碳生活消费方式。在城市空间规划中，基本原则决定了低碳城市形态的主要特征是紧凑型城市，即高密度、高容积率、高层的“三高”城市。区域空间规划具有不同层次，包括社区、园区、校区等小尺度地域空间规划，城市规模中等尺度地域空间规划及大尺度区域空间规划。在区域低碳空间规划中，小尺度空间规划是基础，中等尺度低碳城市是核心。城市空间紧凑型规划促使城市土地集约化使用，区域功能多样化复合化发展促使人口集中，减少城市交通能耗。

1. 社区层次低碳空间规划

低碳空间组织模式在社区尺度上，通过规划引导和市场调节促进城市在新区建设时实现居住功能、就业功能及休闲购物功能等的相对临近与匹配、土地混合使用、布局紧凑、塑造良好的人文与自然环境，以步行道、自行车道连接主要功能区，在规划设计时优先考虑步行者、骑自行车者、公共交通使用者的需求，商店、学校、交通站点等基础服务设施位于安全便捷的步行可及范围内。

2. 城市层次低碳空间规划

城市尺度的低碳空间规划主要集中在两个方面：一是提高城市密度，建设高密度、高容积率、高层的“三高”城市，包括高容积率、低建筑密度、大比例的城市空地或者绿地，大容量城市公共交通导向的城市空间结构；低容积率、高建筑密度的发展模式，通常发生在人口密度高的城市近郊地区和城乡接合带，集体所有制土地上的非农建设用地开发形成独特的非农建设用地蔓延式发展。二是以城市结构控制空间扩展。在城市规划多中心的城市梯级空间结构，分散组团式空间开发，形成若干城市次级中心，不同层级城市中心之间以轨道或公共交通导向的道路系统进行连通。在这些组团和次级中心的空间分布上，以“楔形”模式规划布局，通过绿楔间隔的区域公共交通走廊型城市进行空间扩张，将城市空间开发集中于公共交通枢纽，有利于公共交通的组织，实现有控制的紧凑型疏解。

3. 城市土地利用规划

低碳城市的用地模式应当坚持高密度、集约化、功能混合的原则，把依托于公共交通系统的“适合居住”的社区、街区作为城市的基本构成单元，通过规划促进土地功能的混合化、空间功能的复合型发展。土地混合使用具有经济效益、社会效益及环境效益，一般通过城市增长边界（UGB）控制，借助多功能复合、多模式交通体系、高密度和填充式开发等途径实现。按照“精明增长”原则，土地的混合使用是取得更好居住环境的关键因素，通过土地混合使用将居住空间与公共交通体系连通，减少居民不必要的出行需求，创造多功能集合的空间格局，从而减少交通碳排放，增加税收和经济收益，促进不同层次居住需求的居民共享城市基础服务设施。同时，必须强调土地的有效混合，在城市规划中，土地混合使用的首要目标是增加短路径出行，减少长距离的工作或者购物外出需求。在不同尺度的地域尺度空间内，土地混合使用的要求不一样。城市密度随着距离市中心的距离而变化，社区、商圈、街区等小尺度地域空间距离市中心越远，地块尺度越大，在达到临界距离时重组用地，土地开发规划应该采用优先适合步行和自行车使用的地块尺度。此外，城市中心多功能区的开发强度应结合公共交通的可达性，避免高度开发的中心区域与公共交通可达性之间产生交通拥挤等矛盾，应实现土地开发强度与公共交通可达性的空间耦合。

（三）区域低碳交通体系规划

随着区域经济发展，人们收入水平增加，民用汽车拥有量和出行使用比例增加，城市汽车碳排放水平急剧增加，同时快速城市化过程中，城市空间拓展，人口规模增大，人们出行距离增长，城市交通规模扩张所造成的碳排放水平上升。基于低碳的城市交通规划，应该从政策、技术、观念等角度综合进行考虑，通过系统化的战略措施，从改进交通工具、出行方式、出行质量、出行次数、出行距离等方面构建以公共交通为主导的城市交通体系。

一是交通规划与城市居住、就业、休闲功能区规划紧密结合，城市空间结构受城市交通体系影响，倡导区域公共交通导向的走廊式空间规划。在主要公共交通干线附近的空间区域内规划布局商业、工作及居住功能区，以高密度、高容积率和高层的建筑密度促进最短交通距离出行，强调区域交通网络与空间布局的契合。

二是交通体系的规划，坚持以轨道和公共交通优先的城市交通体系。鼓励发展城市公共交通系统和快速轨道交通系统，如轻轨和地铁系统等。大力发展以步行和自行车为主的慢速交通系统，在城市社区、街道、商业中心等小地域交通规划中，以良好步行环境为导向的开发优于以方便自行车使用为导向的开发。在此之上，倡导以公共交通为导向的开发，其次考虑汽车的发展，倡导发展混合燃料汽车、电动汽车、氢气动力车、生物乙醇燃料汽车等新能源交通工具，实现城市交通运行的低碳化目标。

三是在城市道路建设中，充分利用现代科技降低碳排放，吸收交通工具产生的碳排放。通过道路再生技术延长道路使用寿命，降低新建道路增加的碳排放，如采用温拌技术，降低沥青凝固点，减少铺设过程中碳排放，通过沥青路面吸收的太阳能、热能生产新能源等。

第四章　低碳城市与低碳消费背景下经济的发展

第一节　低碳城市与低碳经济的发展

一、低碳城市的内涵和特征

（一）低碳城市的内涵

低碳城市的内涵要结合城市的起源和功能进行解析。

从城市的起源上来看，城市具有强大的聚集效应，这个效应的存在可以降低交易成本，提高交易效率。在工业革命前期，人类利用自然资源的能力有限，对人类赖以生存的物质条件高度依赖。因此，人类的生产、生活是顺应了自然条件的发展的。从聚居地的选择到产地的确定等，始终围绕水、阳光等自然资源展开。在交换这一人类最原始动机的推动下，集市的诞生地也选择在自然条件优越之处，原始城市的产生正是基于节约交易成本的选择结果。在人类利用自然条件的能力受到极大限制的时代，人类只是自然界的一个构成部分，不仅不会对自然界的平衡构成威胁，而且受自然界的直接制约，居住地、产地随自然条件的变化而改变。此时，人类活动所导致的碳排放不足以抵消自然界对二氧化碳的汇集与吸收作用。自然界的碳平衡可以有效保持。这一阶段的显著特点是，人与自然之间可以实现被动的和谐。自然界庞大的碳吸收能力使城市产生的碳排放根本微不足道。

然而，这一切自工业革命以后有了根本性的改变。工业革命的产生使人类利用资源的能力大幅提升，人类可以利用资源的范围大大拓展。在工业革命的推动下，开采技术的发展使人类可以从地下数千米处取得煤、石油、天然气等化石燃料，桥梁技术的发展使人类可以突破河流的阻断，这一切使城市的地理范围大大扩展。机械工业的诞生在提高生产效率的同时，也提高了原料向商品转化的速度。随着全球工业化进程的加剧，城市因其提高交易效率、节约交易成本的特点，对人类利用自然资源的能力存在放大效应，这种放大效应的循环累积改变了人类对自然界的顺从境地。工业革命提高人类对自然界支配能力的同时，也打破了自然界的碳平衡，在此过程中城市起到了推波助澜的作用，城市的发展使碳排放的速度加快到极致。终于，碳排放总量超过了自然界的吸收能力，空气中的碳浓度开始升高，气温逐渐上升，人类的生存受到了气候变暖的严重威胁。

城市在加速碳排放方面起到了巨大的作用，这是由城市的基本功能决定的。然而，当全世界认识到温室气体对人类的危害后，城市也将因其基本功能而在发展低碳经济方面发挥作用。由于城市是通过集聚效应实现提高交易效率、节约交易成本，从而方便交易的，因此对低碳城市的内涵应该从城市的基本功能的角度进行认识。笔者认为，低碳城市是以低碳排放为基本表现，注重低碳理念创新，强调低碳文化创建，通过低交易成本、高交易效率的基本功能实现低碳生产、低碳消费。

（二）低碳城市的特征

1. 低碳性

这是由低碳经济的基本目的决定的。低碳经济要求实现低碳排放，以降低空气中温室气体的浓度，维系碳的自然平衡。低碳性是低碳经济的必然要求，当然应该是低碳城市的必备特征。从这一点来看，低碳城市要求建立相应的低碳排放的能源供应结构，构建低碳排放的能源使用方式，要求城市的生产以低碳排放的生产为主，要求社会民众建立低碳排放的消费习惯和消费模式；从产业体系上来看，要建立体现低碳排放的产业体系；从构建低碳城市的消费支撑体系上来看，要通过经济手段、政治手段、文化手段引导民众，树立低碳理念，建立低碳排放的生活方式，引导人们增加对低碳排放商品的消费，自觉地在低碳排放商品和高碳排放商品方面做出有利于低碳排放商品的选择。

2. 高效性

低碳城市的高效性是指在经济发展的过程中，城市应该保持其基本功能，在商品的生产和交换方面以最少的资源（含能源投入）换取最大的产出，以最小的碳排放换取最大的产出，以实现经济活动的高效性。从这个角度看，低碳城市不仅要具备实现经济增长必备的创新体系，而且要构建创新体系，注重低碳排放的技术进步，通过工艺改进、新材料、新配方的使用保持低碳排放，确保经济的增长。

3. 系统性

低碳城市应该是一个集经济、社会、人口、科技、资源和环境为一体的，由诸多子系统构成的系统，是在低碳排放导向下，时空尺度的高度整合。制定低碳排放的城市规划、低碳排放的城市基本制度设计、低碳排放的基础设施建设，实现城市的集聚功能，体现低碳排放的要求，以城市的紧凑、城市的节能、城市的高效实现低碳经济的发展。低碳城市应该是一个高度集成的系统，内部诸子系统之间应该高度协调发展，各子系统都应该独立发挥降低碳排放的基本功能，低碳城市还应该具有降低碳排放的系统功能。

二、中国低碳城市建设探索

作为世界最大的发展中国家，中国低碳经济发展的状况和态势与世界低碳经济的发展息息相关。中国城市低碳建设也受到了世界有关组织的高度重视。2008 年 1 月，世界自然基金会（WWF）在北京正式启动“中国低碳城市发展项目”。在考虑城市规模、城市特色等因素的基础上，WWF 确定了上海与河北省的保定作为低碳城市的首批试点城市。WWF 计划在建筑节能、可再生能源和节能产品制造与应用等领域中，与上述两个城市进行合作，总结出促进低碳城市建设的可行模式，然后陆续向全国推广。此外，根据中国科学院可持续发展战略研究组的报告(2009)，为了促进中国低碳城市的发展，气候组织(The Climate Group）于 2008 年正式推出“低碳城市领导力”项目，并得到了“汇丰与气候伙伴同行”项目的大力支持。这个项目将推动我国地方的政府部门、企业、研究机构等各界，共同构建中国城市低碳领导力体系。项目将建立一个由中国 15—20 个城市组成的低碳城市联盟，协调政策，分享资源，共同推动低碳城市的发展，并通过辐射效应逐步扩大城市联盟规模。通过建立战略合作伙伴关系，识别各个领域中的领先机构；通过研讨会、对话和国际国内专题培训等各种形式的活动，提高城市低碳领导力。通过城市间合作示范项目的开展，推动低碳技术创新与应用，通过示范项目探索有益于城市的、切实可行的低碳政策、低碳技术和投融资解决方案。

当前，从全国范围来看，上海、保定已经在低碳城市建设上实现率先发展。以下将对这两个城市的低碳建设情况进行介绍。

（一）上海的低碳城市建设

WWF选择上海作为低碳城市的试点的原因是，上海是中国人口密度最高的地区，建筑物减排的空间和余地相当大，并且上海具备与WWF合作的科技团队。对中国发展低碳经济而言，作为中国最大的城市之一，其建设效果对其他城市具有带动和示范作用。在"中国低碳城市发展项目"中，WWF将与上海市建设与交通委员会、上海市建筑科学研究院合作，对建筑的能源消耗情况进行调查、统计，从办公楼、宾馆、商场等大型商业建筑中选择试点，公开能源消耗情况，进行能源审计，提高大型建筑能效；同时，对公共建筑的物业管理人员进行培训，提高其节能运行的能力。此外，WWF还将与合作伙伴一起推进生态建筑发展的政策研究，选择具体的项目进行示范。

上海在低碳城市的建设过程中，还注重低碳的区域建设。确定崇明、临港新城和虹桥商务区作为低碳示范区。崇明东滩生态城，由英国奥雅纳规划工程国际咨询公司负责规划。这一生态城包括国际湿地公园、生态农业园、生态城镇建设。东滩生态城有望成为世界上第一个碳中和城区。在生态城中，热能和电力通过风能、生物质能、垃圾发电和太阳能光伏发电直接获得，将建立全国第一个氢能电网。建筑物采取环保技术，屋顶种植草坪成为天然隔热层，也可储存雨水进行灌溉；生态园最大的特点在于它将建立节水、节能和低碳排放的生态系统，以实现自然平衡。临港新城和虹桥商务区探索的是低碳功能区建设。临港新城是上海制造业的重要基地，这一地区将在风能、光电、智能化港区、绿色物流等方面推进低碳实践。虹桥商务区的低碳核心，主要表现在城市空间布局、交通组织、能源利用及建筑设计4个方面。舒适的步行环境、节能通风的绿色建筑、发达的公共交通，是这一区域的典型特征。

上海还以举办世博会为契机，在世博园区的选址、规划、设计、建设、运营等全过程贯彻低碳理念，从源头上减少碳排放。而且，上海世博会专设城市最佳实践区，汇聚展示全球先进的城市低碳发展理念及实践案例。在上海世博园区，绿色低碳的城市建设新理念随处可见。世博园区的道路平整耐用，筑成这些平整道路的路基材料是"垃圾"，借助技术手段处理后，建筑垃圾渣土应用于园区市政道路工程，不仅提高路基承载能力，而且变废为宝，创建了循环发展模式。世博轴是最重要的标志性建筑和游客最密集场所，但这个大型建筑的空调系统并没有使用电力，而是利用黄浦江天然水源和地源提供全部空调能源，不使用冷却塔、锅炉房、电、气、油等传统空调手段，不但可以减少污染，降低能耗，而且降低了总体造价。世博轴的地下空间巨大，通过巧妙设计，利用阳光谷引入阳光、空气，运用生态技术节约能源。世博轴设置的6个阳光谷从地下6.5米延展到地上35

米，使阳光自然泻入地下空间，利用热空气拔风效应促成建筑内自然通风，提高空气质量，降低能源消耗。在世博会城市最佳实践区展示的案例中，则集中体现了上海低碳城市建设的良苦用心和卓越效果。“沪上生态人家”，用15万块上海旧城改造时拆下的旧石库门砖头砌成，集生态、智能、技术于一身，运用最自然、最低碳的方式，巧妙解决通风、保温、照明等一系列问题，生动、出色而低碳地打造出上海人“未来家庭”模式。城市建设、工程施工以往是耗能大户，在这个领域能耗、排放、污染等方面的挑战很大，但可挖的潜力也很大。上海借举办世博会的契机，率先转变发展方式，从设计标准和建设规范入手，在城市建设领域大力发展、推广低碳科技和绿色理念。

（二）保定的低碳城市建设

WWF选择保定作为低碳城市试点的原因是，保定已经具备的可再生资源发展方面的特色。保定国家高新区用10年的时间，已经建成了我国第一个“国家可再生能源产业化基地”，具有独特的技术优势和经验优势。WWF将与保定可再生能源产业化基地、保定高新开发区联手，打造“太阳能示范城”和新能源制造基地，建设可再生能源信息交流与技术合作网络，促进可再生能源产品的投资与出口。

保定市政府注重低碳城市规划。2008年12月24日，保定市政府向社会公布了《保定市人民政府关于建设低碳城市的意见（试行）》。根据这份“路线图”，保定市将启动六项重点工程，打造新型低碳城市。这六大工程包括“中国电谷建设工程”“太阳能之城建设工程”“城市生态环境建设工程”“办公大楼低碳化运行示范工程”“低碳化社会示范工程”和“低碳化城市交通体系整合工程”。“中国电谷建设工程”计划建成以太阳能发电、风力发电、高效节电、新型储能、电力电子器件、输变电和电力自动化等为主的产业园区，建成国际化新能源及能源设备制造基地。“太阳能之城建设工程”计划在全市生产生活等各个领域，基本实现太阳能的覆盖。“城市生态环境建设工程”计划全面取缔市区内的燃煤锅炉，加快建设城市区域集中供热，逐步实现向卫星城市集中供热，加快城市水系建设，对护城河与防洪堤进行开发改造，实行“绿荫”行动。“办公大楼低碳化运行示范工程”计划加快向各级政府办公楼进行低碳化改造，更换节能灯，安装太阳能照明系统，推广电子政务，控制夜间照明，控制空调使用，建立办公大楼能源需求与使用管理系统。“低碳化社会示范工程”将积极进行低碳化的社区规划，采取低碳化的建筑技术与社区管理方式，实行低碳化社区试点，进行社区示范方案设计。“低碳化城市交通体系整合工程”将从规划上合理配置主城区和卫星城内部的城市就业、居住、公共服务与商业设施，减少不必要的交通需求。同时，加快各区间公共交通网络建设。

与其他城市低碳建设的经验类似的是，保定在低碳城市建设中突出自己的优势，通过科学、合理地规划为低碳城市的发展指明方向。

第二节　低碳消费与低碳经济的发展

一、消费和经济发展

（一）影响消费的因素

自经济活动发生的那一天起，消费就处于不断的发展变化过程当中。消费不仅受到生产力水平的影响，还受到消费理念的支配，同时，消费又与文化息息相关。在一定的条件刺激下，消费甚至还会出现异化。

1. 生产力的发展水平决定消费

从整个社会的角度来看，特定社会的消费总是由其生产力的发展水平决定的。在原始社会，人类生产力发展的水平很低，征服自然的能力有限。由于人类只能从事原始狩猎、原始渔业等简单原始的生产方式，因此，人类只能利用原始的农产品进行简单、原始的消费。由于人的大脑有与其他动物大脑的根本区别，巨大的脑容量在思维强化的作用下越来越复杂，功能越来越强大，改善自身生存环境的动机越来越强烈。生产工具的发明和使用提升了人类利用自然资源的能力，消费对象和消费总量得以扩大，原始的农产品得以更新，人类的消费得以升级。在工业革命的推动下，电的发明从根本上改变了人类利用自然资源的方式，食品工业、化学工业、生物工程技术迅速发展，人类的消费对象大大丰富，人类的消费进入了崭新的阶段。随着信息革命和基因革命的到来，可以预期，人类的消费将进入另一个全新的阶段，在此阶段人类的消费的变化将是难以想象的。

2. 收入水平影响消费

从个人的角度来看，消费是由收入水平决定的，即“量入为出”。在市场经济条件下，配置社会资源的主要方式是通过市场来进行，等价交换的基本原则决定了有什么样的收入水平，就有什么样的消费对象。收入结构及其变化决定了消费结构及其变化。社会收入水平分配平均，消费就将具有群体相似性，社会成员之间消费的差异性就会比较小，而社会成员之间收入差异如果比较大，那么消费的差异就会比较明显。在收入差异性明显的情况下，消费呈现出群体差异性，这是收入影响消费的重要证据。

3. 消费理念影响消费

消费除由生产力发展水平和收入水平决定外，还受消费理念的影响。消费理念是指消费者在进行消费活动时，会根据消费者固有的商品价值观取向，对消费商品、消费环节进行价值判断，消费者将选择与自己消费理念符合的消费品。由此可见，消费理念对消费行为将产生重要影响。从某种程度上来讲，消费理念决定了人们消费的备选范围。

消费理念的形成是一个长期的过程，是在消费的过程中，在一定的文化与周围环境的影响下建立起来的。在商品匮乏的年代，消费者更关注商品的功能，消费理念主要体现为对商品质量的认同，商品是否能有效满足自身的物质需要成为决定消费的唯一理由。此时，社会成员的消费理念具有高度趋同性。随着物质产品的丰富，收入差异的拉大，高收入者除注重商品的功能外，还开始注重商品的美观，已经开始按照自己的审美标准来审视商品，消费者对商品的价值判断出现多元化方向。商品价值的判断因消费者而异的特征越来越明显，社会趋同的消费理念开始分化，社会成员在消费行为方面呈现出很大的差异性，消费进入了个性特征鲜明的个性化时代。在消费理念发展的后期，商品的物理属性越来越淡出消费者的考虑，消费者主要重视的是自己对消费的体验，注重消费的过程是否能在心灵上获得满足，这些是此阶段消费理念的主要构成部分。

从个人消费理念形成的过程来看，个人消费理念是在其所处社会环境之下，受文化、风俗和习惯的综合作用形成的。一个社会主流的消费文化是大多数成员消费理念形成的基础。在个人消费理念形成的初期，个人的消费主要受主流社会消费理念的影响。“量入为出”“勤俭节约”的消费理念成为中国消费的主流理念至今已有几千年，这种节俭主义社会消费理念决定了传统中国人对消费的节制，对我国人民的消费产生了巨大影响。美国的情况则完全不同，崇尚消费、享受消费、过度消费、超前消费构成美国一度很为流行的“消费主义”，美国人这种主流的消费理念使得美国成为全世界的头号消费大国。欧洲人的情况则又有所不同，欧洲人已经充分认识到消费与社会发展的互动影响，认识到中国式的节俭主义的弊端，也认识到美国不计后果式消费主义的危害，欧洲人追求“新节约主义”，讲究消费的必要性，减少所有不必要的消费，虽然追求消费，但是坚决杜绝浪费。“新节约主义”回归对商品基本功能的重视，是与欧洲的节俭文化一脉相承的。风俗对消费的影响则更为直接，如由于气候的影响，北方人形成了浓厚的酒文化。消费具有浓厚的区域特征和民族特征。中国的回族，以牛羊食品为主，而不食用猪肉及其制品就是典型的风俗决定消费的例证。从习惯上来看，消费者经过长时间的消费体验，在周围人群的暗示或示范作用下，随着消费行为次数的增多，形成了比较稳定的消费习惯，消费习惯一旦形成，消费者将不自觉地在此习惯的作用下进行消费活动。比如，饮食习惯就是在长期的饮食过程中形成的对食品好坏的判断，自此以后，按照此种习惯进行选择，终生不变。由此可见，消费习惯对个人消费的影响是深远的。

4. 消费的异化

消费的基本目的是获得物质上、精神上的满足。但是，由于种种原因，消费行为与消费目的之间可能出现不一致，这种不一致会使消费行为出现异化。

（二）低碳消费

1. 低碳消费概念

低碳消费是指消费者在进行消费的时候，商品不仅能够满足消费者的精神和物质需要，而且其消费的产品在生产和流通的过程中，碳排放要最小，对社会环境的影响要最小。低碳消费要求压缩传统的高碳排放产品的消费，消费低碳能源及低碳产品。从这层意义上来讲，低碳消费必然是节约消费、安全消费，以及可持续性消费。消费对象的可回收利用、循环使用是低碳消费的重要表现。

2. 低碳消费理念

经济高速发展过度地使用了化石能源，过度的碳排放打破了自然界的大气碳平衡系统，自然界以灾难的方式回应人类传统的消费方式。在发展低碳经济的迫切要求下，低碳消费理念应运而生。这一理念要求人们在进行商品消费时，要将商品的碳排放纳入商品价值的判断中，自觉抵制高碳排放商品的消费，自觉放弃不必要的消费，坚决杜绝浪费，形成以低碳排放为特征的低碳消费模式。值得指出的是，低碳消费理念的形成具有倒逼特征。由于低碳经济的出现较晚，低碳消费理念的形成既缺乏主流消费理念基础，又缺乏低碳消费文化的支撑，还缺乏低碳消费的习惯配合，低碳消费的理念绝不会自发形成。与其他消费理念的形成相比，低碳消费理念的形成需要很长的时间，需要人类付出更多的努力。

（三）低碳消费与低碳经济

消费与生产、经济运行的关系相当密切。虽然生产可以在一定程度上创造需求，但是随着商品经济的发展，需求对生产将起到决定性作用。在消费的初级阶段，消费品以满足消费者的基本需要为主，因此产品的生产必然强调商品的基本功能。随着消费的高级化发展，消费者关注的不再是消费品的使用价值，而是消费品的品质差异性，突出是个性化消费。此时，产品的供应随之而改变，产品迎合消费者的需要，也呈现差异化、个性化的特征，产品品质的创新、产品种类的多样化丰富了消费的选择，也推动了经济发展。当消费者注重消费的过程、消费的体验，追求心理满足的阶段到来之际，产品的供应也随之进行调整，使用价值功能弱化的商品，求新、求异、求感官的刺激和过程体验的商品充斥市场。由此可见，消费对生产具有导向作用，消费是经济发展的最终目标，引领经济发展的方向，消费欲望和消费需求成为经济发展的根本驱动力。经济的发展对社会运行的方方面面都会产生重大的影响，改变人们的生活方式、工作方式和休闲方式，对消费产生重要的影响。

1. 低碳消费是低碳经济的必然要求

低碳经济的发展要求生产的低碳化，低碳化的生产必然实现低碳化的消费，低碳消费是低碳经济的必然要求。低碳经济的发展要求消费者树立文明、科学、健康的生态化消费模式，要求消费者认识到消费与地球大气环境的关联，要求消费者建立低碳消费理念，并以此理念指导自己的消费。我们应努力实现人与自然的和谐发展，实现消费可持续性，实现各类消费的均衡发展，使消费者的消费行为符合低碳经济发展的要求。

（1）低碳消费是发展低碳经济的根本目的。经济发展的最终目标是为了满足人们的物质文化需要。低碳经济绝不能、更不应该靠遏制人们的需求、减低人们的欲望来实现。人们可以忍受一时消费水平的降低来响应低碳经济的呼吁，但是这样的忍耐终究难以持久。要实现可持续的、人与自然环境和谐发展的低碳经济发展模式，必须建立可实现的低碳消费模式。低碳消费不仅是低碳经济的一个有机组成部分，而且是发展低碳经济的根本目的。

（2）低碳消费理念的建立是低碳经济发展的先决条件。低碳消费的实现需要低碳消费理念的支持，在全社会树立以低碳排放消费为荣、以高碳排放消费为耻的消费文化对发展低碳经济是至关重要的。在低碳消费理念没有形成之前，就奢谈低碳消费是难以想象的。传统的消费理念如果没有根本性改变，人类就不可能建立低碳消费模式，不可能实现低碳消费也就不可能实现低碳经济。虽然可能通过经济手段、行政手段、法律手段引导人们的消费，但是低碳消费理念如果不能迅速建立，低碳经济的发展将不可持续。

（3）低碳消费结构的建立是低碳经济发展的基础条件。由于消费对生产有一定的引导作用，低碳的消费结构对低碳经济的发展将起到基础性作用。低碳消费理念的建立使消费者偏爱低碳消费商品，但是如果生产高碳排放商品的成本低于低碳商品的成本，那么低碳消费结构将难以建立。因此，这就要求降低高能耗、高污染、高碳排放行业在经济活动中的比重，激励低碳产品的生产，提高低碳产业在经济活动中的比重，推动低碳产业的发展。目前来看，由于低碳能源、低碳产品的生产成本很高，低碳消费结构的建立需要很长的时间才能完成。

2. 低碳经济是低碳消费的有力保障

（1）低碳经济将有效保证低碳消费的实现。低碳经济的发展要求在降低碳排放的条件下，通过技术进步提高自然资源的利用效率，通过工艺创新、材料创新提供全新的低碳产品，低碳经济将丰富商品种类，拓展消费者的消费对象和消费内容。低碳经济下的消费必然是低碳消费。

（2）低碳经济将建立以低碳消费为主导的消费结构。低碳经济将改变化石能源的利用方式，低碳产品的生产将使人们的消费在不知不觉中得到改变，低碳经济之下，低碳消费结构必然随之形成，因为它是低碳经济结构的重要组成部分。

（3）低碳经济将颠覆传统的消费理念，使低碳消费成为主流的消费理念。随着低碳经济的发展，人类经济活动对自然环境的影响得以广泛传播，在各项促进低碳经济发展政策与措施的作用下，消费者的消费习惯、消费倾向将得到校正，与低碳经济发展要求不相符合的各种消费行为要么将付出高昂的代价，要么不能获得生产供应的支持而被迫放弃。低碳经济的发展将培育低碳消费理念，形成全社会低碳消费的主流价值取向。

二、中国消费特征与低碳消费的实现

（一）我国消费特征

在历史发展的长河中，中华民族创造了光辉灿烂的文明。中国曾经主导过世界文明的进程，中国的经济实力、综合国力曾经在全球独领风骚。由于生产力发展水平的局限，从某种程度上来说，中国的文明发展史就是一部与饥荒的抗争史。自古至今，中国人形成了珍惜粮食的光荣传统，中国式的节俭主义曾经是中国主流的消费理念。然而，改革开放之后，随着束缚生产力发展水平的制度性因素的破除，中国人的消费理念发生了重大变化。由于物质的极大丰富，中国人的消费开始过度物质化，表现出崇尚产品享受的消费特征，还产生了过度消费和铺张浪费现象。

1. 过度消费现象严重

有些消费者贪大求洋，不顾自身的实际需求与经济能力，在购物中追逐名牌，消费呈现出相当程度的盲目性；住房一味求大、求奢华，过度装修现象特别严重；汽车追求大排量，家具绝对要高档；走马观花般的旅游；花哨、功能超强到消费者自己都不会用的手机等，不一而足。为了面子，一些消费者消费的目的并不是满足物质和精神上的需要，而是为了炫耀。与普通消费不同的是，炫耀性消费不是为了从消费商品或服务中取得效用，而是通过消费价格极其昂贵的商品，向别人展示其富裕能力，实质上是一种炫富心理作祟。在炫耀中，消费者得到了极大的满足，斗富比阔成为消费的主要目的，一掷千金眼都不眨一下。炫耀性消费的危害是巨大的，它浪费了社会资源，助长了享乐主义。更为糟糕的是，由于这部分消费者往往属于社会中的富裕群体，是通常人眼中的所谓成功人士，他们的消费行为对社会主流的消费方向有一定的影响力，对下一代的影响尤其巨大。这种消费行为的存在对低碳消费理念的建立和形成的负面影响难以估量。

2. 铺张浪费现象严重

在食品、水和电等日常用品消费过程中，经常会出现浪费现象。餐桌以有饭菜过剩为荣，以过度劝酒表示热情好客，实质上既增加了客人的负担，也浪费了社会资源，污染了环境，无论是从个人的角度来看，还是从社会的角度来看，都得不偿失。从日常用水来说，家庭洗浴的主要方式是淋浴，这种洗浴方式对水的利用率极低。各种长流水、窃水行为（如不法洗车点窃水洗车）对宝贵的水资源产生了巨大的浪费。长明灯、不夜城等对电能的浪费也是有目共睹的。

（二）低碳消费的引导

1. 低碳消费引导的必要性

虽然低碳消费对低碳经济的发展具有决定性意义，但是当消费模式持久运行、消费习惯已经养成时，消费理念一经形成，往往难以改变。低碳消费理念、低碳消费结构是不可能自发形成的，低碳消费必须进行相应的引导。

从低碳经济概念的发展历程上来看，低碳经济提出的时间还不长，对绝大部分民众而言还是新事物。我国的广大群众对低碳经济的认识还停留在字面上。在日常生活中，缺乏对碳排放的基本认识，很少有消费者留意自己的消费行为对碳排放的影响。当前，在我国的消费领域，传统的消费理念仍然在起主导作用。更为严重的是，在传统的消费理念仍然起支配作用的情况下，低碳消费往往很容易受到扼杀。在这一阶段，仅靠民众自身的力量改变传统的消费理念必不可行，更谈不上持久。因此，在全中国范围内树立低碳理念，必须借助强大的外部力量，有的情况下还要借助强制力的推动。只有这样，才能缩短低碳理念的建立时间，加快全社会低碳理念的形成。

2. 低碳消费的引导

低碳消费需要消费者改变长期以来形成的传统消费理念和消费习惯，这种改变靠消费者自身的力量是无法做到的。政府和社会必须加强对消费行为的引导，才可能建立低碳消费的新理念，形成低碳消费的新模式，树立低碳消费的新习惯。从全社会的消费来看，消费主体包括政府、家庭和个人。在三类消费主体中，笔者认为，首先必须从政府入手，通过低碳政府的建立来引导全社会低碳消费。我国各级政府在国民经济中所处的地位十分重要，政府消费模式的变化对全社会消费模式具有难以估量的引领作用。政府的主要职能是进行公共管理，提供公共服务，政府既消费商品又管理商品的生产流通。在引导低碳经济发展的过程中，政府应成为低碳消费的先行者和榜样。

在对全社会低碳消费进行引导的过程中，政府要通过法律、行政、经济刺激和市场制度建设等手段，引导和规范低碳消费，通过建立和完善碳排放市场准入制度，减少能源密集型的产品大量进入市场，创造绿色、合理的产品供应结构；完善市场的监管制度，加大对非“绿色”产品的检查力度，整顿市场秩序，打击伪低碳排放产品。建立碳排放信用制度，提升消费者的碳消费、碳排放道德。政府践行低碳消费有助于全社会成员低碳消费观念的建立和低碳消费模式的树立，只有进行不断的消费引导，使社会各个消费主体能够具有文明消费的意识和观念，坚持消费的低碳化，才能实现“高碳”经济向“低碳”经济的转变。通过通俗易懂、丰富多彩的宣传，影响公众行为，促使他们接受低碳技术、低碳产品，减少温室气体的排放。

由于家庭是整个社会经济活动的细胞，所以低碳消费家庭对低碳经济的发展相当重要。无论是农村家庭还是城市家庭，都应该向他们普及低碳经济知识，使每个家庭都了解低碳经济对全人类的意义，使他们都了解低碳生活、低碳消费对人类的子孙后代的意义。通过对每个家庭碳排放的测算，使他们清楚地认识到家庭日常生活与低碳经济的关系，帮助家庭建立碳排放档案，培育具有低碳消费理念的家庭。从家庭开始，从每一天的生活开始，拒绝“一次性”消费品、快餐式消费品，同时注意节水、节能，杜绝一切浪费，提升家庭消费的质量，以促使家庭进行文明消费。

从个人的角度来看，要促使个人形成与生态和谐的生活方式和消费方式，强化个人在现代社会中“生态人”的身份，弱化“动物人”个性；必须引导个人消费，使之在进行消费时，清楚其行为对大气环境的影响，对自然界演化的影响。个人需要以低碳消费行为来兑现自己对社会发展、人类文明进步的责任。要帮助消费者搞清楚哪些个人消费对大气环境有益，哪些个人消费对大气环境有害，帮助消费者识别低碳消费和不良消费，摒弃消费陋习，养成低碳消费、绿色消费的健康消费习惯。

在低碳消费的引导过程中，还要重视发挥各种社会组织的力量，社会组织是社会结构的重要构成部分，他们有稳定的章程，有一定的社会影响力，有相当强的组织能力。更为重要的是，这些组织与民众贴近，受民众的信任，经过专业的培训以后，在低碳消费的宣传与践行方面将具有很大的优势，可以对促进低碳消费发挥很大的作用。

（三）改革资源价格体系

虽然通过加大宣传可以提高民众的低碳意识，消费者也愿意为低碳经济的发展贡献自己的力量，但是在市场经济下，消费品的价格对消费仍起着决定性作用。在低碳经济的发展过程中，必须建立以低碳排放为中心的资源配置体系。从我国当前的情况来看，由于高碳排放产品的市场价格中并没有包含其给环境带来的成本，因此高碳产品的价格相对较低。由于技术上的原因，低碳排放的商品现在生产成本仍然很高，在价格上与高碳商品无法竞争。在这种情况下，让消费者个人购买低碳商品，其实质相当于让消费者个人为高碳排放买单，这对消费者是不公平的，也是不切实际的。这种情况的直接结果就是劣币驱逐良币，低碳产品难以在市场上立足。

由于碳排放主要来源于化石燃料，因此对化石燃料的使用增收碳排放税是非常必要的。在石油、煤和天然气及其他产品的市场定价中，必须将其所污染大气环境的损失纳入价格之中，提高化石燃料的市场价格，进行资源价格体系改革是推进低碳消费的有效途径。将碳排放的社会成本纳入资源品价格一方面可以减少社会对这些产品的需求，降低全社会碳排放量；另一方面基本抹平低碳商品与高碳商品的价格差异，提升低碳商品的价格竞争力，使消费者不仅认同低碳商品，而且愿意消费低碳商品。出于能源安全和稳定性的考虑，我国的资源品并没有完全的市场化。在我国经济发展的特定阶段，这种做法是合理的。然而，在发展低碳经济的大潮之下，如果还是一味地固守原有的能源价格体系，实质上相当于变相抵制低碳经济的发展，变相支持对大气的污染。在资源价格体系难以有根本性变革之前，指望通过市场的力量自发进行低碳消费只可能是不切实际的幻想，为了促进低碳消费、生态消费的发展，对资源价格体系的改革势在必行。

第五章　旅游经济解读及其结构

第一节　旅游经济结构的主要内容

一、旅游经济结构的定义及特征

（一）经济结构的定义

结构是指事物或系统各组成部分的比例及构成的状况。凡有系统，就必有结构，结构和系统是相互联系、互有区别的概念。结构存在于系统之中，系统由结构所组成，结构的性质特征与运行规律决定着系统的功能及特点。一个社会的经济是一个大系统，经济结构就是国民经济系统各组成部分的比例、构成及其相互联系、相互作用的内在形式与状况。

经济结构有狭义和广义之分。狭义的经济结构是指生产关系，即人们在自己生活的社会生产中发生的，不以他们的意志为转移的关系。这些生产关系的总和构成了社会的经济结构。而广义的经济结构则是把生产力和生产关系统一起来的社会经济结构。广义的经济结构反映国民经济系统在总体上由哪些部门构成，具有哪些层次、要素和特点；反映各部门、各层次、各要素之间是如何相互关联地组成一个有机整体；反映国民经济系统内部及整体运动和变化的形式、规律及内在动力等。所以，研究经济结构，有利于从经济系统的内在特征，动态地考察社会经济的运行过程和状态，从而揭示社会经济运行的规律和趋势。

（二）旅游经济结构的主要特征

旅游业是国民经济大系统中的一个子系统，其自身具有的独特结构。旅游经济结构是指旅游业内部各组成部分的比例关系及其相互联系、相互作用的形式。与国民经济大系统和其他子系统相比较，旅游经济结构既有一般经济结构所具有的共同特征，又有其特有的典型特征。其典型特征具体可概括为以下几点。

1. 整体性特征

旅游业是一个综合性的经济产业，其由食、住、行、游、购、娱等要素所组成，每种要素都体现了旅游业的一个部分或方面，是从属于旅游业这个整体的。由于各组成要素的性质和特点，使任何一个组成要素都有不可代替性。因此，旅游经济结构不是各组成要素的简单相加，而是根据旅游业整体发展的需要，按照各要素之间相互联系、相互作用的特点和规律性，形成合理的比例及构成状况，从而发挥着旅游经济的综合性功能。

2. 功能性特征

结构和功能是密切相关的，结构决定功能，功能又促进结构的变化。不同的经济结构会产生不同的功能，以及不同的属性和效益。而我国传统的旅游经济结构是以观光型旅游为主的，其属性、功能及效益也是与观光型旅游相联系的。随着社会经济的发展，人们的旅游需求有了新的变化，要求从观光型旅游向度假、娱乐型旅游发展，这必然要求对旅游经济结构进行调整，以提供满足人们新需求的功能。因此，判断旅游经济结构功能好坏的标准，就是看这种旅游经济结构能否形成一种自我协调、具有充分活力的经济系统，从而能够有效地产生可以满足人们不断变化需求的功能，以促进社会生产力的发展。

3. 动态性特征

由于旅游经济系统的各要素、各部门及其相互关系是不断变化的，从而导致旅游经济结构也在不断发生变化。这种变化不仅有量的变化，还有质的变化。旅游经济结构量的变化一方面表现为规模的增长，另一方面表现为各种比例关系的变化。通过对旅游经济结构进行量的分析，可以把握旅游经济结构在旅游经济发展规模和速度方面的适应性。旅游经济结构质的变化主要表现在旅游经济的效益和水平上，并通过各种量的指标反映出来，但是总体表现为旅游业的综合发展水平和不断提高的经济效益。由于旅游经济结构的变动是十分复杂的，因此必须注意分析影响旅游经济结构变动的各种因素，适时进行调整，以提高旅游经济结构的动态适应性。

4. 关联性特征

旅游经济结构区别于国民经济结构和其他子系统结构的最显著特征就在于其关联性较强。从旅游业食、住、行、游、购、娱六大要素来看，任何一个要素的有效供给都离不开其他相关要素的配合；从旅游产业中的旅行社、旅游饭店和旅游交通三大支柱来看，任何一个部门的发展都必须以其他部门的配合为条件。总之，旅游经济结构较强的关联性，使组成旅游经济结构的各部门、各要素的协调发展成为旅游经济结构协调的重要内容。其中，任何一方面的发展薄弱或不协调，都会影响旅游经济整体发展的规模、效益和水平。

二、旅游经济结构的一般内容

旅游经济活动涉及很多要素，而各种要素之间、要素内部都有相应的结构。因此，从旅游经济活动的要素分析出发，旅游经济结构一般可分为旅游市场结构、旅游消费结构、旅游产品结构等几种类型。

（一）旅游市场结构

旅游市场结构反映的是旅游产品在供应和需求之间的规模、比例及相互协调性，以及各种旅游客源市场之间所形成的比例关系。旅游需求是指旅游者对旅游产品具有支付能力的需求总和。由于旅游者收入、闲暇、爱好、职业、年龄、修养等方面的差别，使旅游者的需求也各不相同，从而要求旅游供给者提供多种类型的旅游产品，以满足旅游者多样化的需求。旅游供给是旅游经营者在一定时期内向旅游者提供的各种旅游产品的总和，包括各种旅游景观、旅游设施、旅游服务等。旅游需求与供给都有一定的时空变化，旅游供给和需求一旦在数量、规模和比例上相互适应，就实现了旅游市场结构的协调，从而促进了旅游经济的发展。但由于旅游需求变动性较大、旅游资源分布的不均衡性，以及旅游活动的季节性等因素的影响，旅游供给与需求在数量、规模、层次及比例上往往难以相互适应。因此，为了提高旅游经济效益，避免旅游资源浪费或供给不足，就必须根据实际情况对旅游市场结构中出现的不协调现象进行适当的调整，以满足旅游经济发展对旅游市场结构的需求。

对旅游市场结构进行调整，一定要研究旅游需求结构、旅游供给结构和旅游供求相适应的结构状态。从旅游需求结构来看，要着重研究国际旅游市场和国内旅游市场的构成及分布状况；着重研究不同性别、年龄、阶层和职业的旅游者构成及需求状况；着重研究不同季节、不同旅游方式（如团队、散客）的需求结构状况等。从旅游供给结构来看，要着重研究旅游资源的类别和性质，以便开发出具有特色的旅游景观；要着重研究各种旅游设施的规模、水平和比例，以便形成有效的综合接待能力；要着重研究各种旅游服务的质量及内容，不断提高服务水平，以更好地满足旅游者的需求。从旅游供给与需求相适应的情况来看，要着重研究在完全竞争、完全垄断及垄断竞争等不同市场结构下，市场供求变化及竞争的特点。通过以上研究，来应对旅游市场供求的变化，从而为形成供求适应的市场结构，探寻宏观管理的政策与微观经营的对策和策略提供依据。

（二）旅游消费结构

旅游市场结构中的旅游需求具有一定的内在结构，即旅游消费结构。旅游消费结构是指旅游者在旅游过程中所消费的各种类型旅游产品与相关消费资料的比例关系，以及旅游者的不同消费层次和水平的比例关系。不同旅游产品与其要素的消费类型主要包括食、住、行、游、购、娱等方面的消费；而不同消费层次及水平的消费类型则主要包括高档消费、中档消费、低档消费或舒适型消费、经济型消费等。因此，研究消费结构有利于对进行旅游产品结构进行调整。此外，对有的放矢地开发适销对路的旅游产品也具有十分重要的意义。

研究旅游消费结构，一是要对旅游消费构成进行分类，以掌握各种消费资料的构成状况及消费水平；二是要研究影响旅游消费结构的各种因素及影响程度；三是在以上研究分析的基础上，探寻能够实现旅游消费合理化的途径和措施。

（三）旅游产品结构

旅游产品是指为旅游者开展旅游活动提供的各种产品和服务的总和，它是由各种要素所组成的综合性产品，包括各种旅游景观、旅游交通、娱乐、餐饮、住宿及旅游购物等。此外，综合性的旅游线路产品也有不同的规模、不同的日程等，这些不同旅游产品与要素之间的各种组合关系就构成了旅游产品的结构。

由于旅游产品具有不同于一般商品的特点，因而研究旅游产品结构也应该从不同的层面着手。一是从要素结构入手，研究旅游景观、旅游设施、旅游服务及旅游购物品的规模、数量、水平与结构状况，从而把握住各种要素的特点及供给能力，为开发旅游产品奠定基础；二是从旅游产品结构入手，研究各旅游要素的组合状况，即以旅游景观为基础，研究各种自然风景和人文风情资源的有机组合，各种旅游设施和旅游服务的配备比例，从而组合成综合的旅游产品，形成一定区域内旅游活动的行为层次结构；三是从旅游产品组合结构入手，研究各种旅游线路的设计与旅游产品的有机组合。通过旅游线路，把各个区域旅游产品及一些专项旅游（如会议、探险、考察、体育等）有机地结合起来，向旅游者提供具有吸引力的综合性旅游产品。

（四）旅游产业结构

旅游产业结构是指以食、住、行、游、购、娱为核心的旅游业内部各大行业间的经济技术联系与比例关系，也就是旅游业的部门结构。由于旅游经济具有综合性的特点，从而决定了旅游产业结构具有多元化的性质。一般来说，旅游业主要包括旅游交通、旅游饭店和旅行社，它们被誉为旅游业的三大支柱。不过，从旅游业的六大要素来看，旅游产业还应包括旅游娱乐业、旅游购物品的生产与经营部门、旅游资源开发与经营管理部门等。从更广泛的角度来看，旅游产业还应包括旅游教育培训部门、旅游研究和设计规划部门等。只有从大旅游观的角度来认识旅游产业结构，才能提高人们对旅游经济重要性的认识，从而确立旅游业在国民经济中应有的地位。

从旅游经济综合性角度研究旅游产业结构，主要应该从三方面考虑：一是应该着重分析旅游业内部各部门结构的发展规模、水平及相互之间的联系和比例关系，考察旅游产业结构的综合能力与协调性等。二是从市场结构出发，研究旅游产业结构的合理化，分析影响旅游产业结构合理化的各种因素，以及可能采取的对策及措施。三是从旅游经济发展的角度，研究和探讨旅游产业结构高端化的趋势和可能性，探讨旅游产业结构高度化的途径、对策及措施等。

（五）旅游区域结构

旅游业的发展总是在一定地域空间中实现的，因此旅游区域结构的状况与变化，是进一步分析和认识旅游经济发展的重要依据。旅游区域结构，是指从地域角度所反映的旅游客源市场，与旅游区的形成、数量、规模以及相互联系和比例关系。对旅游区域结构进行研究，不仅有利于掌握不同区域客源市场的需求状况、不同旅游区的特点与构成，还有利于从宏观和微观角度进行合理的旅游产业布局，以提高旅游经济的整体水平及综合效益。

从旅游经济角度来看，旅游区域结构应着重研究以下内容：

第一，要研究旅游区域的市场结构，即对国际和国内不同区域的旅游市场需求与供给进行研究，研究不同区域市场的需求特点、需求规模与水平，以便有针对性地提供适合的旅游产品。

第二，要研究旅游区域特点与构成，通过运用区划理论来分析各旅游区的特色与发展方向，明确各旅游区开发重点与旅游形象塑造，探讨旅游区的总体构成与相互之间的联系和互补关系，从而形成既有层次又浑然一体的旅游总体形象。

第三，要研究旅游产业布局，通过对旅游区域的研究，掌握旅游产业布局的原则，分析旅游区域布局的影响因素，探寻旅游业合理布局的内容和方法，以促进旅游产业布局的合理化。

（六）旅游投资结构

旅游投资结构对旅游市场结构、旅游消费结构、旅游产品结构、旅游产业结构、旅游区域结构等都会产生不同程度的影响。旅游投资结构即指投资额在不同旅游建设项目之间的比例关系。旅游建设项目从不同角度划分可分为不同的类型：从建设内容角度来划分可分为旅游基础设施项目、景区项目、旅游饭店项目、旅游教育项目、旅游交通项目、旅游购物开发项目、旅游环境保护项目等；从项目规模角度可分为大型、中型、小型项目；从建设项目的性质角度来划分可分为新建项目、改建项目、续建项目、扩建项目；从地区分布角度来划分可分为旅游业发达地区项目、欠发达地区项目、不发达地区项目；从旅游投资来源角度可分为国家投资项目、地方政府投资项目和旅游企业投资项目。由于投资的目的、方式、途径各不相同，故不同投资来源的旅游投资结构也有所不同。旅游投资结构的安排要充分考虑市场因素，并从旅游业发展的角度来综合分析，以确定合理的旅游投资结构。

（七）旅游经济管理结构

旅游经济管理结构是从生产关系角度来研究旅游经济的所有制结构、企业规模结构和相应的体制结构等。旅游经济所有制结构，反映了旅游业所有制关系的构成及比例。因此，分析旅游经济的所有制结构特点、运行状况及发展趋势，既有利于坚持社会主义方向，又有利于不断改革开拓，从而促进旅游经济的进一步发展。旅游企业规模结构，反映了旅游企业大、中、小结构比例和旅游企业集团化发展的状况。从国际旅游业发展的情况来看，一方面，旅游企业大、中、小规模结构是由客观条件所决定的，是在市场竞争中，通过竞争淘汰、新建而逐步形成相对稳定的大、中、小企业规模结构；另一方面，旅游企业遵循集中化的市场竞争要求，逐步形成一些关系紧密型的企业集团，如饭店管理公司、旅游集团公司等，从而提高了旅游企业的竞争力和经济效益。旅游经济体制结构，是从宏观角度所表现的有关旅游业的政策保障体系、行业管理体制及实施手段体系的状况。随着经济体制改革和我国旅游经济的发展，我国旅游经济体制正逐步形成以行业管理为主，集旅游政策保障体系、旅游法律法规体系和旅游宏观调控体系为一体的旅游经济管理体制。

第二节　旅游经济的发展要素与运行机制

一、旅游经济的发展要素

（一）旅游需求

旅游需求是指人们除工作或完成有报酬活动以外，为了其他旅行目的，定期或临时离开常住寓所外出旅行的需求。游览动机和数据收集系统中的变幻不定与差异，使人们在估计旅游需求时有必要引入某些条款规定。最常用的方法是根据到达人数或（对国际旅游业来说）入境人数，或（国际和国内旅游所需的）住宿方式来估计这种需求。

1. 旅游需求的特点

（1）国内需求占 4/5。

（2）需求集中：欧洲和北美洲接纳这种需求约 90%，它们也是输送旅游者数量最大的洲。

（3）地区之间的旅游是国际旅游流量的主要组成部分。

世界旅游组织所作的一些研究指出，2/3 以上的国际旅游需求是在同一洲的国家之间往来。在南北美洲，地区间的旅游百分比为旅游活动总数的 80%。相反，在非洲，这可能不足 25%。造成这种情况的主要原因可能是非洲国家的发展状况以及在非洲旅游供给的可能性小。

2. 旅游需求的季节性

在许多国家，旅游需求是一种季节性行为，就是说它集中任一年的几个月。我们在一系列促进旅游发展的社会、文化、历史因素中找到这种现象的缘由。在适当的气候和环境中度过自由时光和享受这段不工作时光，从而带来了季节性现象。学校的课程安排和工业的某些习惯做法又强化了这一特点。

显然，季节性主要关系到假期旅游，而不是像商务那样其他动机的旅游。这就是为什么人们要谈论假期不错开这个问题。至于出于各种不同动机（探亲、宗教、体育运动……）的旅行，气候不是优先考虑的因素。

3. 旅游需求的因素

（1）自由时光的任意使用。国家对领薪休假制度的确认是促使现代旅游需求发展的最重要的因素。这个权利被引入更多的国家并涉及越来越多阶层的民众，便产生了一种客观的基础，即更大量的潜在旅游需求存在的必要条件。此外，人们也习惯于错开休假时间进行短期度假，更加重视自由时光。

（2）经济因素。近年来在许多国家，个人（或家庭）可自由支配的收入增加，有力地刺激了旅游方面的私人消费。同时，旅游消费的固定成本（相对与绝对地）减少。例如，空中运输对旅游业发展变得更为重要，人们在经济上能够承受机票费用，空运的能效更高、污染更少（噪音和大气污染）。

（3）人口因素。人口特征不同，人们的行为也不同。一般来说，生活在城市的社会群体更爱好旅游。其他特征，如年龄、性别、家庭状况、孩子数量等，也不可忽视地影响着外出度假的决定。另外，我们注意到年龄越大的人就越少外出度假，旅游者的行动是随着年龄而变化的。因此，认清这个因素，可以使土地整治工作者从可利用的资源中进行选择，并以适当方式加以配置。

（4）社会因素。社会对度假更加重视，无疑会产生模仿效应、与高收入人群的消费模式攀比的效应。然而，这种模仿行为今天有着其他特点。生活在更加开放的、情况越来越好的社会里，这一事实无疑已超越了地理和政治的界限，由此，人们相信，旅游业容易使各国人民之间和各社会阶级之间相互接近。实现彼此接近的精神状态和心境趋向，对尊重和关心各个集体的真正价值，人们把这种价值作为一些补充加以接受，而并不排斥自身的价值。一致确认的事实是，不同社会和不同文化的交流，在某些条件下，不仅通过竞争，而且通过互补来促进各自的发展。旅游业对这种发展起着部分促进作用，同时也从中受益。

（5）组织和促销。旅游业是一种经济力量和一种引起国家关注的强大社会现实，国家将其作为达到文化、社会、教育甚至政治目标的一种工具。起初，是旅游促销者和操作者筹划旅游产品的生产、促销和分配方案，通过扩大旅游需求和在某些严峻的情况下控制旅游供应，来取得最大的效益。今天，大多数国家已不同程度地参与旅游促销活动，并以更开阔的视野给予它更大的优先权。事实上，国家不仅对获取外汇感兴趣，甚至要保证旅游部门适当地发展，并监视这些部门与自然和人文环境、领土整治、职业培训、保护消费者等方面可能引起的外部成本。

（二）旅游消费

1. 旅游消费概况

旅游消费是以货币形式表示的关于旅游需求在一系列服务和物产方面所作花费的总和。确定一种消费是否具有"旅游的"性质，是与确定这些消费的主体（"旅游者"）的性质有关的。鉴于旅游部门的特点，旅游消费量等于生产量，就是说，只生产将被消费的东西，因为不可能将旅游物产和服务贮存起来，以后再出售。旅游消费量主要是与实际价格水平和消费者可支配的收入有关。这些变量之间的基本关系取决于一系列非经济因素，如社会对旅游消费的重视，这意味着，旅游不仅在发达国家是越来越多居民的生活方式，而且成为发展中国家（已都市化的）精英的生活方式。

旅游消费以一定程度的集中为其特点，表现在几个不同方面。

在时间方面：旅游消费是同有关工作与学习期限的现行法律和社会规章所确定的自由时光一致的。周末、短假期和年休假是最主要旅游消费的时光，尽管"正在探索错开休假时间"。

在空间方面：对旅游地集中使用，甚至达到饱和状态，由此造成在开发已定的有吸引力的旅游点中社会成本的提高。

在外出动机方面：旅游消费中，"休闲"的动机超过其他动机，如商务、家庭、健康等。

在旅游方面不太发达的国家，旅游需求量小，较少发生上述集中现象。在这些国家，商务旅游占主要地位。时间（季节性）的集中现象很少，甚至不存在。但是不应忘记季节性效应在无旅游以外其他消费的旅游地是更为重要的。这就是说旅游消费的季节特点不是在整个国家或整个旅游区，甚至不是在整个设备上都是一致的。

在城市区域，饭店等设施有常客，这种顾客是它们收入补偿的重要因素。在没有以当地居民为核心支持的专门旅游区域里，人们只间断地经营旅游设施，这就导致在旅游"淡季"关闭这些饭店设施。

2. 旅游消费的类型

如果我们是按照已选定目的地的旅游者（国内的或国际的）来源，按照消费者组成的经济团体或消费时刻来进行分类的话，旅游消费的类型可以是相当复杂的。我们把全部旅游消费简单地分为两类：

（1）国内旅游消费，即一个国家的居民在本国旅游的消费。

（2）国际的或国外的旅游消费，即旅游者在其常住地以外国家的旅游消费。

3. 旅游消费和国民经济一体化

要知道旅游接待国所占的旅游消费份额是什么，因为旅游消费中使用的一部分物产和服务不是接待国生产的，而是输入的，这就导致收入流向国外。这种现象是众所周知的，一般没有量化。它与接待国的发展程度和经济结构一体化程度是成反比的。经济结构越发展并完善，收入流失就越少。在计算输入的物资时，应包括的不仅是直接用于旅游需求的消费物产，还有国家为生产适应国内和国际旅游需求的物产而输入的生产资料。

归根结底，这些“流失”包括：

（1）直接用于消费而输入的物产和服务。

（2）用于供应旅游用品的生产部门而输入的物产和服务。

（3）支付给外国制造商的纯支出（报酬、酬金、手续费等）。

（4）在外国的促销费和广告费。

（5）对旅游业的资本输入。

4. 旅游消费的结构

按照传统，旅游消费可分解为：

（1）住宿。包括餐馆和食品，一般占消费总额的 40% 到 50%。

（2）交通运输，约 30%。

（3）购物、参观和其他娱乐费。

（4）其他费用。

根据地点、年份或实施的旅游类型不同，上述的每一项百分比会有很大变化。例如，在免税区，“购物”的比例可上升到消费总额的三分之二以上。

（三）旅游生产

生产（或供应）是任何经济部门特有的变量之一。确切地说，这是业务部门在一个确定期间，一般为一年，所提供的最终全部服务和物产的价值。旅游业的经济概念是从旅游业目的的概念中得出的，其目的是生产供旅游者消费的物产和服务。这个特点是旅游业特有的。

1. 整个经济体系中的一种活跃因素

鉴于旅游生产部门的多种多样，从经济观点看，旅游业是经济体系中的一种充满活力的因素。西班牙的情况很好地说明了旅游生产的这种结构性特点。在该国，按照 74 个生产部门所提供的在最终需求范围内旅游消费的百分比向它们分配生产任务。产销结合也清楚地显示出，旅游经济的内容根据国家或地区而发生变化或可能发生变化。各国特有的资源，它接受的设备和推动发展的设施等可以改变与旅游相联系的生产部门的类型。然而，像饭馆业和旅馆业这样一些基本部门总是要存在的。

2. 整个经济体系的一种多样化成分

旅游业促进了国民经济多样化，这是它与各经济部门直接关联的结果，这对较落后的国家特别有利。例如，对石油出口国经济衰退和外贸减缩使生产的全面转换显得更为重要，这时，旅游业可以补充生产结构。

从严格的经济观点看，各国心照不宣地一致把旅游业作为充满活力的和多样化的部门加以发展。但这要求有一个适当的场所，就是说要对所有活动作出规划并对土地作统一整治，这导致各国根据国家经济和社会条件寻求旅游部门的最佳规模，最后，这意味着各种不同类型的国家应当有特色地发展旅游业。

显然，发展中国家旅游业的主要作用在于促进生产，包括创造就业机会、发展投资和提供外汇等。

3. 旅游业的增加值

人们经常把旅游业的收入与国民生产总值作比较，以便估计旅游业对国家生产的贡献。证实这种比较，需要使用一些较正确的数据，因为这样一些国民收入总额不是在所有情况下都一致的。

旅游部门获得的收入是与其生产总值的概念有关的。要作比较的量值是旅游部门的增加值，这个增加值是从旅游部门为生产专用物产和服务向其他部门所购买的东西中统计得出的。

鉴于旅游产值中个人交付的金额成分大，获取高额的增加值百分比是不足为奇的：从 50% 到 60%。旅馆业下属部门 —— 旅馆和饭店经常研究这种情况。在多数情况下，它们获得同样水平的增加值。大多数工业部门的相对应的百分比（增加值 / 总产值）一般要低于旅游部门。

从经济分析的观点看，增加值可分解为几个成分：

（1）工资补贴和社会保险分摊额（疾病、家庭、劳动事故和养老金）。

（2）固定资本的消耗。

（3）税和纯间接税，就是说不包括补助金和各种税务奖励部分。

营业上的结余，不应与企业的利润一致，它是这集合数的平衡成分。关注最终产值的另一个方面是把它视为与有关部门所创造的总社会产量相等的价值。这个价值可以解释为参与生产过程的制造者领取的总收入。有关这个问题可使用的统计信息是相当少的。旅游生产的物质载体是不容易分析的，原因是难以明确地鉴别旅游企业。

一般地说，旅游企业是中小规模的，这会促进旅游供应集中的进程，使其在竞争激烈的市场中得以幸存，这也会刺激旅馆以外的或类似旅馆业的供应实体的建立和发展，这些实体的优越性是个人服务减少，经营的灵活性最大，需要的投资最少。这完全符合旅游需求的愿望：选择更适合需要的（如家庭式的）住宿，追求更大的灵活性和更多的自由。

二、旅游经济的运行机制

发展旅游经济是一个复杂的系统工程，具备内在的联动运行机制，包括在旅游经济理念指导下的动力系统、旅游经济理论指导下的支撑保障系统、参与的层面系统、目标系统等要素系统和旅游经济模式。整个运行框架体系体现了区域旅游发展与资源、环境的可持续利用和保护的有机统一。

影响旅游经济发展系统运行的系统和相关要素，是一个包含经济、社会、旅游资源、旅游环境等在内的若干个系统和因素。但主要是旅游心理容量、旅游资源承载力、旅游生态容量、旅游及旅游业容量、旅游地容量五个方面的系统要素。在五个方面的系统要素中，旅游心理容量包括价值观念、活动类型、社会旅游业等要素；旅游资源承载力包括资源性质、旅游区（点）空间、游览时间等要素；旅游生态容量包括大气环境质量、水环境质量、土壤环境、生物环境等要素；旅游及旅游业容量包括旅游业环境、基础设施、生活资料等要素；旅游地容量包括宗教民俗、人口状况、生活方式等要素。旅游经济的发展是在一定的时间、空间和技术条件下的相对状态。它的运作受一定的时空约束，这种相对性表现为发展的阶段性和区域性。旅游经济是旅游业系统、社会系统和自然系统的协调发展。

社会经济系统主要包括推动旅游经济发展的动力系统、支撑保障系统、支撑层面系统以及通过发展旅游经济的最终目标系统。动力系统主要包括政府的推动力、市场驱动力、社区参与和负面阻力等方面；支撑保障系统主要包括政策法规体系、监督评估体系、政府调控、绿色认证体系、技术研究开发体系等方面；参与层面系统主要包括企业层面和社会层面两个方面；目标系统主要包括资源利用最大化与生态环境破坏最小化、利益协调、旅游可持续发展、区域可持续发展等。

按照木桶理论，旅游经济的发展常常受到某种或某几种限制因子的作用，是由最短缺因子起决定作用的。因此，要调动社会经济系统中一切的积极因素，实现旅游经济模式的良性运行。

第三节　旅游产业结构与区域结构

一、旅游产业结构分析

（一）产业结构的分类方法

产业结构是按照产业部门分类形成的社会生产结构。从国民经济系统来看，不同的分类方法可以将国民经济体系划分为不同的产业结构，而主要的分类方法有以下几种：

第一，按再生产理论分类。按照再生产理论，可将社会生产划分为生产资料生产和生活资料生产两大部类，每一部类生产的价值都可分为不变资本、可变资本和剩余价值三部分。通过分析两大部类之间错综复杂的关系，揭示实现简单再生产和扩大再生产的条件，从而为科学地划分产业部门和建立合理的产业结构提供了基本的理论和方法。

第二，按社会分工分类。按照社会分工，可将社会生产划分为第一产业、第二产业和第三产业。第一产业是大农业（包括采掘业）；第二产业是加工业和建筑业；第三产业是第一、第二产业以外的，以服务业为主的其他产业。三大产业分类法突出了以服务业为主的第三产业在社会经济中的重要地位和作用，揭示了产业结构演进的规律性和经济发展的内在联系，从而为产业结构的合理化提供了科学的理论指导。

产业分类按产业发展顺序、生产要素、生产发展阶段具体分类有以下几种：

第一，按照产业发展顺序分类，可将社会生产划分为基础产业、先导产业和支柱产业。基础产业是指为社会生产提供必需条件的基础设施和生产部门，如交通、能源、邮电、通信和教育部门等。先导产业是指能够带动和引导整个国民经济发展的关键部门。支柱产业是指在国民经济中具有重要地位，并且对经济发展产生重大推动和具有支撑作用的部门。它的结构演进遵循动态比较利益原则和收入弹性基准、生产率上升基准等要求，一般是基础产业超前发展，先导产业重点发展，支柱产业稳定发展。

第二，按生产要素分类。按照生产要素投入，可将社会生产划分为劳动密集型产业、资本密集型产业和技术（知识）密集型产业。这种产业结构分类可视不同时期经济发展水平、条件和目标而有所侧重，一般规律是从劳动密集型产业逐渐向资本密集型产业和技术密集型产业发展。

第三，按产业发展阶段分类。按照产业发展阶段，可将社会生产划分为传统产业和新兴产业。新兴产业适应经济发展的要求，代表了产业发展的方向，因而应该大力发展；传统产业逐渐不适应经济发展的要求，必然要逐步改造或淘汰。

（二）旅游产业结构的类型

在国民经济体系中，旅游业属于第三产业中的一个综合性产业。随着我国旅游业的迅速发展，特别是我国经济体制下较高的资源动员能力和社会组织化水平，使旅游产业结构适应国际和国内市场的需求而快速形成。旅游产业结构可大致分类如下：

1. 旅行社

旅行社是依法成立，专门从事招徕、接待国内外旅游者，组织旅游活动，收取一定费用，实行自负盈亏，独立核算的旅游企业。旅行社作为旅游业的“龙头”，不仅是旅游产品的设计、组合者，还是旅游产品的营销者，在旅游经济活动中发挥着极为重要的作用。因此，旅行社发展的规模、经营水平及其在旅游产业结构中的比重，直接对旅游经济发展产生重要影响。

2. 旅游饭店

旅游饭店是为旅游者提供食宿的基地，是一个国家或地区发展旅游业必不可少的物质基础。旅游饭店数量、饭店床位数多少标志着旅游接待能力的大小；而旅游饭店管理水平的高低、服务质量的好坏、卫生状况及环境的优劣，则反映了旅游业的服务质量高低。因此，旅游饭店业在旅游产业结构中具有十分重要的地位，没有发达的、高水平的旅游饭店业，就不可能有发达的旅游业。

3. 旅游交通

旅游业离不开交通运输业，没有发达的交通运输业就没有发达的旅游业。旅游交通作为社会客运体系的重要组成部分，不仅满足旅游产业发展的要求，而且能够促进社会交通运输的发展。就以旅游交通运输为例，旅游交通运输要满足旅游者安全、方便、快捷、舒适、价廉等方面的需求，这就要求旅游交通运输不仅具有一般交通运输的功能，还要具有满足旅游需求的功能，从而要求在交通工具、运输方式、服务特点等方面有旅游交通运输业的特色。

4. 旅游资源开发

旅游资源开发，即对各种自然旅游资源、人文旅游资源与文化娱乐资源的开发及利用，并形成一定的旅游景观、旅游景区与各种旅游产品和组合。目前，虽然全国各地都在大力进行旅游资源开发，并形成了一批在国际上有一定知名度和吸引力的旅游景点、旅游景区（包括风景名胜区、度假区等）和旅游线路，但从整体上来看，还未把旅游资源开发作为旅游产业结构的一个重要组成部分。具体表现为：由于在旅游资源的开发建设上没有专门、统一的规划和建设，在行业管理上也缺乏统一的宏观协调，从而导致旅游景区、景点建设的滞后。因此，必须把旅游资源开发纳入旅游产业结构中，从而加快旅游业开发和建设。

5. 旅游娱乐

旅游是一种以休闲为主的观光、度假及娱乐活动，而丰富的旅游娱乐是旅游活动中的重要组成部分。随着现代科技的发展，旅游娱乐业在旅游产业结构中的地位日益上升，旅游娱乐业在增强旅游产品吸引力、促进旅游经济发展方面的作用不断增强。

6. 旅游购物

旅游购物是旅游活动的重要内容之一。随着现代旅游经济的发展，各种旅游工艺品、纪念品、日用消费品的生产和销售正不断发展，形成了商业、轻工业、旅游业相结合的产销系统和大量的网点，这不仅促进了旅游经济的发展，也相应带动了民族手工业、地方土特产品等轻工业、手工业的发展，从而促进了地方经济的繁荣。

综上所述可见，旅游产业结构可划分为旅行社、旅游饭店、旅游交通、旅游资源开发、旅游娱乐、旅游购物等六大产业部门。此外，从大旅游的角度来看，旅游产业结构还须包括旅游教育和培训、旅游规划与设计、旅游研究与咨询以及旅游行政管理等部门，只有这样，才能全面、综合地反映整个旅游经济发展的状况及态势。

（三）旅游产业结构的影响因素

要实现旅游产业结构的合理化，首先必须分析影响旅游产业结构与其变化的因素。通常，影响旅游产业结构的因素是很复杂的，可从需求、资源、科技、政策和体制等方面进行分析。

1. 需求

需求是决定产业结构并影响其变化的主要因素。不能满足需求的生产，不适应消费结构的产业结构都不能使社会生产形成良性循环。旅游业是以满足人们的需求为主要目标的，这意味着国内外旅游需求的变化、旅游需求的发展方向和水平，不仅决定着旅游经济的发展方向和水平，也决定和影响着旅游产业结构的变化与发展水平。

需求因素对旅游产业结构的决定和影响，主要反映在消费需求和投资需求两大方面。从消费需求方面来看，旅游者的消费需求直接影响旅游产业结构的变化。这是因为旅游者对某种旅游产品的需求增加，必然引起该产品供给的增长，从而影响到旅游产业部门内部结构的变化，促使旅游生产经营者尽力形成可以满足旅游消费需求的产业结构。从投资需求方面来看，投资结构的变化是直接影响旅游产业结构变化的一个重要因素。投资结构作为一种流量结构，在旅游消费需求的拉动下，对旅游产业的资本存量结构产生影响，从而影响到旅游产业结构的变化和发展。

2. 资源

旅游资源对旅游产业结构的影响是至关重要的。传统观点认为，旅游资源主要是指自然旅游资源和人文旅游资源。而现代观点认为，旅游资源还应包括人才、信息、智力、资金等。通常，一个国家生产力越不发达，则本国的自然资源对产业结构的决定及影响作用就越大。因此，许多发展中国家的旅游产业结构如何，在很大程度上取决于该国的旅游资源状况，尤其是自然旅游资源和人文旅游资源的状况和结构。而许多发达国家，不仅能有效地利用本国资源，还能够采取种种方法去利用其他国家的旅游资源，以提高本国旅游产品的吸引力。

分析资源因素对旅游产业结构的决定和影响作用，首先，应该分析一国所拥有的自然旅游资源和人文旅游资源的状况，分析这些旅游资源的规模、品位及特点，以开发具有特色的旅游产品。其次，要分析资金和劳动力的状况，不仅分析资金和劳动力数量对旅游产业结构的影响，而且分析劳动力质量对旅游产业结构的影响，以提高对资金、劳动力资源要素的投入。最后，要分析智力和信息资源的状况。旅游是一种满足人们身心需求的高层次活动，因而智力资源的开发不仅能更广泛地利用自然与人文旅游资源，还能创造出新的资源，组合成颇具吸引力的旅游产品。智力资源的开发越好，则旅游产品的形象就会越好，吸引力就更大。而要有效地开发智力资源，就离不开充分的信息资源。在瞬息万变的国际旅游市场中，及时、准确地掌握市场信息及相关信息，不仅对形成合理的旅游产业结构具有重要的影响作用，还对旅游经济的良性循环发展非常重要。

3. 科技

科技进步是旅游产业结构演进的主要推动力，其主要表现在两方面。一方面，科技进步直接决定和影响着旅游产业结构的变动以及发展，如技术进步改变了对旅游资源开发和利用的具体方式以及效果；促进了交通工具和通信手段的现代化，为旅游活动的有效进行提供了先进的工具和手段；加快了旅游设施的建设和改善了旅游服务的质量，丰富了旅游活动的内容；提高了旅游产出的经济效益，从而直接对旅游产业结构产生影响，发挥作用。另一方面，技术进步也刺激着需求结构的变化，从而对旅游消费需求和投资需求结构产生影响，增强了对旅游产业结构的拉动力，促使旅游经济在科学技术进步的基础上实现质的飞跃。此外，科学技术的进步还表现在对旅游业的经营、管理和组织等方面的“软”技术的积极作用。在我国建立社会主义市场经济的过程中，在各种旅游“硬”技术逐渐完善的条件下，经营、管理和组织等“软”技术将在旅游产业结构的合理化中发挥着十分重要的作用。

4. 政策和体制

政策和体制不仅影响着旅游产业结构的变化，还直接为旅游产业结构的合理化创造条件。从政策角度来讲，国家对旅游产业的重视和相应的政策、法规，不仅对旅游经济的发展具有促进和制约作用，还对旅游产业结构的变动及发展具有影响和调控作用。目前国家按照经济发展与产业结构演进规律所制定的加快发展第三产业的改革和大力发展旅游业的政策，都将促进旅游产业结构的合理化。从体制角度来看，我国旅游经济体制是最早适应市场经济要求，与国际旅游市场接轨的，许多经营方式和管理模式已经大量借鉴了国际惯例。与此同时，传统经济体制的弊病及其影响也对旅游经济发展和旅游产业结构的变化产生着深刻的影响。因此，加快旅游经济体制的改革，实现旅游产业结构的合理化对旅游经济持续稳定与发展都具有十分重要的作用。

二、旅游区域结构分析

（一）旅游区域结构的解读

一个国家的经济发展与产业布局总是离不开一定的地域空间。只有对各个产业和企业在地域空间上进行合理的配置与布局，才能实现生产力的合理组织，最终实现经济的效率目标与空间平等目标的和谐统一。因此，所谓旅游区域结构是指在一定范围内旅游业各要素的空间组合关系，即旅游业的生产力布局。旅游区域结构是一个多层次、综合性的结构体系，它反映的是旅游要素的空间分布与布局、功能分区以及要素与地区间的空间联系状态等。

旅游区域结构一般包括各旅游要素的区域结构和综合旅游经济区域结构。旅游要素区域结构包括旅行社区域结构、旅游饭店区域结构、旅游交通区域结构、旅游商品区域结构、旅游资源区域结构、旅游市场区域结构、旅游交流区域结构，以及旅游投资区域结构等。旅行社区域结构是指旅行社在不同地区的配置情况，主要包括不同数量、规模、性质的旅行社在不同地区的布局特点以及区域内各旅行社的协作发展关系。旅游饭店区域结构是指根据旅游资源的分布与旅游市场需求特点而形成的地区分布格局，其中，旅游资源集聚地的分布特点对旅游饭店区域结构具有决定性的影响作用。之所以如此，是因为大多数旅游者总是投宿到距旅游景区、景观较近的旅游饭店。旅游交通的地区差异同时受旅游资源与旅游客源分布的影响，一般在旅游景观附近的分布密度较大，从而决定了旅游交通的运力、规模及水平。旅游商品的地区分布不仅和旅游资源的分布相关联，而且同各地区其他产品生产，特别是与名特土产品相关，从而形成不同地区旅游商品的分布特色。旅游市场与旅游流的区域结构反映了旅游者的分布及其变化特征，它对各旅游供给因素特别是旅行社、旅游饭店、旅游交通的合理布局产生很大的引导作用。旅游投资区域结构是指资金在各旅游区域的流动与分布关系，它取决于不同地区经济的发展速度、资源特征、经济政策等区域特点。旅游投资必须以有限的资金获得较高的综合经济效益，因而提高资金利用效率对旅游投资区域结构具有重要的意义。旅游资源区域结构是以旅游资源的自然属性为主而得出的旅游资源空间分布状况及特色，它是以自然资源的性质、特点、数量、质量为依据划分的，是综合旅游经济区域结构的基础。

把上述各种因素结合起来，就形成了综合旅游经济区域结构，它是整个旅游经济的空间分布格局。根据各地区旅游经济综合特征的相似性与差异性程度，即可将整个地区划分为若干个旅游经济区，而每个经济区以下可划分出不同的旅游经济区。

（二）合理布局旅游生产力的意义与表现

研究区域旅游结构，合理布局旅游生产力，不仅对充分发挥各地旅游资源优势，促进旅游经济的协调发展具有十分重要的意义，还对制定合理的区域旅游经济发展战略和旅游产业地区政策具有重要的意义。这一意义具体表现在以下几个方面：

1. 有利于综合利用旅游资源

合理布局旅游生产力，有利于充分有效地利用全国各地的旅游资源、经济资源和劳动力资源，发挥我国地域辽阔、资源丰富的优势，调动各地区、各企业的积极性，促进旅游经济的发展，增强旅游业的发展后劲。

2. 有利于区域经济的平衡发展

合理布局旅游生产力，有利于以有限的资金投入，促进旅游经济的最佳地域组合，促进旅游区域的联合与协作，从而提高旅游经济的综合效益，带动少数民族地区和经济不发达地区的社会、经济和文化的发展，促进空间经济均衡发展和平等化。

3. 有利于旅游经济的持续发展

合理布局旅游生产力，有利于保护环境和生态平衡，保障城乡居民生活环境和质量，保护旅游业赖以生存和发展的自然物质基础，保证旅游经济与环境保护有机协调，以旅游开发促进环境保护，以环境保护促进旅游发展，形成旅游经济发展与环境保护的良性循环，从而实现旅游经济的可持续发展。

4. 有利于加强宏观调控

合理布局旅游生产力，有利于在建设社会主义市场经济体制中，充分发挥政府宏观调控的主体作用，通过制定旅游区域经济政策，为不同地区、不同发展阶段的旅游经济提供政策依据及战略指导，使不同地区从旅游市场出发，结合自身的资源优势，制订旅游业发展规划，以促进旅游经济的发展。

（三）旅游区域布局合理化的影响因素

旅游区域布局是从总体上对旅游生产力体系的地域空间配置，因此要实现旅游区域布局的合理化，就必须分析和考虑影响旅游区域布局的主要因素，这些因素主要有资源因素、区位因素、市场因素、社会经济因素与政策、法规因素等。

1. 资源因素

任何产业部门的区域布局都必须以可靠的资源为保证，否则就会使该产业的发展陷入盲目性。旅游资源是旅游业赖以生存和发展的物质基础，它所具有的数量和质量不仅决定着旅游经济的发展规模与水平，还决定着旅游产业的合理布局。通常，具有“垄断性”的旅游资源，有较高的开发价值，往往能够发展成为旅游业的“增长点”。因此，正确认识和分析不同地区的旅游资源品位、特点、分类与规模，是建立合理的旅游产业布局，确定旅游投资规模及资源开发时序，提高旅游区域布局效益的重要途径之一。

2. 区位因素

区位因素是影响各经济产业合理布局的重要因素之一。通常，优越的区位优势不仅为旅游经济活动提供有利条件（如通达性、便捷性等），还对旅游产品的形成及旅游产业的布局都产生重要影响。以我国东部沿海地区为例，这一地区虽然旅游资源条件并不丰富，但是却拥有良好的区位条件，又是经济较发达的地区，从而拥有大量的客源市场，促进了沿海地区旅游经济的发展。我国中、西部地区，特别是经济不发达的内陆地区，虽然拥有大量较高品位和质量的旅游资源，但是由于受区位条件的限制，其旅游经济发展得较为缓慢。尽管随着生产力的发展和现代科学技术的进步，其交通、运输、通信等条件有了改善，相应削弱了区位条件的影响，但是区位因素仍然是旅游区域布局中一个不可忽视的重要因素。

3. 市场因素

市场经济作为社会经济运行方式和社会资源配置机制，要求一切经济活动以市场为轴心，按照市场经济规律对社会经济活动进行调节和控制。旅游经济是一种以市场为导向的经济，因而，其整个经济运行都必须围绕市场来进行。首先，从需求角度来看，一个地区旅游业发展的规模和水平表现在其对旅游客源市场的拥有程度上，而客源地的数量、客源地的社会经济发展水平和客源地游客出游人数等，也都决定着一个地区旅游经济的发展速度和规模。其次，从供给角度来看，一个地区旅游市场的大小取决于其旅游产品供给与旅游服务水平，它不仅决定着该地区旅游市场接待的规模，还决定着旅游市场的发展及旅游经济效益的提高。因此，在考虑旅游区域布局时，一方面要考虑不同地区、不同发展阶段的旅游客源市场的对象、范围及变化趋势，从而把握旅游市场的容量大小。另一方面要根据旅游需求，合理部署旅游资源的开发与旅游产品的供给，从而形成合理的旅游区域市场定位，为合理的旅游区域布局提供依据。

4. 社会经济因素

一个地区社会经济发展水平与其为旅游业发展所提供的有利条件或限制因素，直接影响到该地区旅游产业布局与旅游经济的发展。通常，发达的经济条件更容易为旅游业提供各种基础设施、交通运输手段与财力资源，并且往往具有较高的旅游服务和管理水平，从而增强了旅游目的地的吸引力，促进旅游业经济效益和社会效益的提高。以我国东部沿海地区为例，我国东部沿海地区及大多数中心城市，都具有较发达的社会经济，旅游经济也较发达。而经济不发达地区，虽然拥有丰富的旅游资源，但是由于缺乏开发的能力与相配套的社会经济条件，无法尽快转化为经济优势，使旅游经济的发展较为缓慢。因此，在考虑旅游区域布局时，除了考虑资源、区位及市场因素外，也要充分重视不同地区社会经济的发展水平，适度超前发展旅游业。通过旅游业带动地方经济发展，同时又要根据不同发展阶段的社会经济状况，合理地进行旅游区域布局，使旅游经济与社会经济发展和谐统一。

5. 政策、法规因素

经济政策和法律、法规是政策部门的重要调控手段之一。运用经济政策和法律、法规，不仅能加快旅游资源的优化配置，促进旅游经济在数量扩张、结构转换和水平提高等方面同步发展，实现旅游经济的良性循环，还有利于促进旅游经济布局的合理化，减少地区间经济差异，实现总体效率与空间平等的统一。旅游业是以市场为导向的经济产业，如果没有国家从政策和法律、法规等方面给予宏观的指导和调控，旅游业不仅不能快速发展，还不可能得到健康的发展。因此，在考虑旅游区域布局时，一方面要从旅游经济总体发展的需要出发，制定有利于旅游区域布局合理化的产业政策和法律、法规，以引导旅游区域布局的合理化；另一方面要根据已有的产业政策及法律、法规要求，合理地进行旅游产业的区域布局，促进旅游经济的健康、持续发展。

第六章　旅游经济发展复合系统的理论

第一节　旅游经济发展复合系统的理论审视

一、旅游生态经济社会复合系统的建立

旅游经济的发展一直以来过分集中于经济系统的业绩增长和财富增加，而忽略了由经济发展所引起的生态系统健康与人类社会福利之间的冲突。然而无论是旅游经济的实践探索还是旅游经济的理论变革，都越来越倾向于承认这样的事实：旅游经济系统是建立在更广大的生态环境系统之上的，继续以能够提供多少旅游产品、创造多少物质财富来衡量旅游经济成功与否的状态必将面临自然的极限和社会的极限，现存的基于持续的、无限制的经济增长前提的经济范式和旅游经济发展方式将会使旅游经济的发展陷入不可持续的深渊。

因此，旅游生态经济社会复合系统研究是将生态系统、经济系统和社会系统的发展整合在可持续发展框架中，考察经济系统、社会系统与生态系统之间的相互作用和反馈关系，以便深入探索旅游生态经济社会复合系统的复杂性和不确定性，真正解决旅游经济发展中的实际问题，为旅游经济发展的正确决策提供依据。

（一）旅游生态经济社会复合系统的理论基础

旅游生态经济社会复合系统实际上就是把旅游经济运行作为一个系统来研究和运作，通过谋求旅游经济系统构成要素间和旅游经济与外部相关系统间联系的科学化、合理化，

形成有序的、优化的系统结构，并在优化系统结构的追求中提高旅游经济系统的整体素质以谋求旅游经济整体功能的最大化。

1. 多维协调发展的系统理论

从系统学观点来看，旅游系统是一个由经济系统、社会系统和生态系统有机构成的复合系统，三部分之间互相关联又相互制约。

旅游经济系统和社会系统从自然生态系统输入物质和能量，经过加工、处理和转化来满足旅游经济发展和人类自身的需要。同时，旅游经济社会系统也向自然生态系统输出物质和能量，其结果改变乃至破坏了自然生态系统的结构和正常功能，形成了对自然生态系统的污染。这种“输入—输出”关系就是旅游经济社会系统和旅游自然生态系统的相互关系问题，也就是通常所说的人与自然的关系或人与环境的关系。旅游经济发展中所面临的环境污染、资源破坏、生态退化等问题，都是经济社会系统和自然生态系统之间关系恶化和紧张的表现，其根源皆来自人类旅游经济活动本身。根据系统科学的理论，我们应从旅游生态经济社会复合系统整体演化规律、系统组成部分之间相互作用规律，特别是旅游经济活动对旅游自然生态系统相互影响出发，来处理旅游经济社会系统和旅游自然生态系统的关系，要使它们之间相互协调发展，形成良性循环，既能保证旅游经济长期稳定发展，又能实现旅游生态改善、资源保护和环境优化。

世界文明发展到今天，随着工业文明高度发展，人类实践活动的广化和深化，人类社会生产和生活过程和自然界的生态过程已经完全相互交织、相互融合而浑然一体。今天，在现实世界系统中，把它区分为自然界和社会只有相对意义，而人、社会和自然之间的相互交织和相互融合比它们之间的相互区别更为重要。因此，当今维系人类生命和非人自然生命形式的这个濒临失衡的球体上，客观存在的只是自然生态和社会经济互相依存、互相制约、互相作用、互相转化的生态经济社会有机整体，达到“生态—经济—社会”复合系统高度整合、整体优化、良性运行与协调发展。

因此，旅游生态经济社会复合系统既不是单一的经济社会系统，也不是单一的自然生态系统，而是由于人类旅游经济活动介入生态系统，以劳动形式作用于自然生态系统所形成的自然生态要素和社会经济要素共存，并相互作用的对立统一体。它是一个具有独立要素、结构和功能，具备自身性质、特点和发展规律的复合系统。鉴于旅游生态经济社会复合系统的观念，人类的旅游经济活动必须在一定的生态空间进行，都必须依赖于旅游资源的供给和生态环境的消耗。旅游生态经济社会复合系统不能脱离自然生态系统而存在，在旅游生态经济社会复合系统中，自然生态系统是整个系统的基础；同时，经济社会系统则逐渐对整个系统的变化起着主导作用。自然生态系统对整个系统的基础作用表现在：生态系统为经济系统提供了物质基础。经济系统所有运转的物质和能量，都是人类通过劳动从生态系统中取得的，所以，旅游经济系统离开自然生态系统是无法存在的。与此同时，旅游生态经济社会复合系统也无法脱离经济社会系统而独立存在，因为它是由人的活动支配的，系统的结构、功能直接与人的活动有关，并且深受社会制度、经济条件、科技发展水平的制约。在尊重客观规律的前提下，旅游经济复合系统可以按照人的主观愿望进行适度改造，生态效益是经济效益的基础和前提，经济效益又是生态效益的必然和保证，撇开旅游经济活动的单一生态系统是不存在的。

2. 可持续发展理论的生态内因论

可持续发展理论在认识旅游生态经济社会复合系统的结构方面，主要关注永远处在变化之中的自然生态系统、经济系统和社会系统三者的耦合关系。在该复合系统的演化过程方面，主要关注自然生态系统、经济系统和社会系统形成的集合体演化的规律性；在该复合系统的功能方面，主要关注这一演化进程是否朝着和谐、公平与效率三者协同方向发展。同时，它认为虽然旅游经济复合系统的复杂结构及其复杂的演化过程是不依赖人们意志而转移的客观规律变动的客观过程，但它可以为人们所认识。但由于旅游经济复合系统结构及演化过程的复杂性，人们要在实践、认识、再实践、再认识过程中通过不断反复进行的信息反馈过程，才能逐渐掌握其客观规律。

生态内因论作为可持续发展经济学主要的理论主线，深刻阐释了自然生态系统对于旅游经济复合系统的意义和作用。生态内因论克服了过去所有的经济增长与发展理论关于生态环境外生假定的根本缺陷，转向在生态环境内生假定下考察现代经济发展及可持续性的源泉，将生态变迁、生态创新这一长期经济可持续发展最基础的决定因素视为可持续发展经济系统的内在力量，指出生态环境不仅是现代生产力运行的外部环境，而且是现代生产力发展的内在因素，成为现代生产力稳定运行与健康发展的基本要素。生态环境与经济社会发展正在形成一种新型的关系，环境变迁、生态发展将日益决定现代经济发展模式、道路方向和发展趋势，使生态环境日益成为现代经济社会发展的内生力量。

基于可持续发展理论的生态内因论的基本观点，旅游经济的复合系统得以可持续发展的基础，就是自然生态系统。因此，旅游经济的发展不可能脱离自然生态系统的支撑而独立存在，旅游经济不可能是一个单向度的独立系统，而必须是建立在生态系统基础之上的多维复合系统。

（二）旅游生态经济社会复合系统的关系分析

旅游生态经济社会复合系统概念的提出，要促进旅游经济社会系统与自然生态系统之间相互作用关系的协调、优化，促进旅游经济可持续发展。

因此，必须深入研究系统之间的关系，使系统处于协调运转状态。

1. 系统之间的耦合关系

一直以来，旅游经济的传统发展方式正是忽视了经济系统、社会系统与生态系统的整体性和关联性，人为割裂了自然生态系统与经济社会系统的内在联系。其价值取向必然是把对自然界的征服和改造程度视为人类超越自然界其他生物的标志，成为人的主体性上扬的表征。在旅游经济发展中的具体表现就是片面追求旅游经济效益最大化、旅游经济快速发展，最大限度地满足旅游者现实和潜在的旅游需求，甚至不惜掠夺式开发旅游资源，无节制地拓展旅游市场需求，诱导和促进旅游消费，这些如果只在旅游经济子系统内部考虑，无疑都是符合经济学最基本的原理和规律的，但这种传统的旅游经济发展方式忽略了系统的环境适应性。任何系统都处在特定的环境中，处在一定环境之中的系统永不止息地与外界进行物质、能量和信息的交流。这是系统与环境相互联系的具体表现。旅游经济子系统的发展也离不开一定的环境，微观的市场与宏观的政策都是经济系统的外部环境，生态环境也是任何经济系统的一个不可忽视、具有强限定性的外部环境。旅游经济子系统对环境的作用和功能使经济系统的运行和过程都受到自然系统、生态环境的外部制约，忽视这种作用，任其发展，必然导致经济发展对生态系统的破坏。

因此，旅游生态经济社会复合系统是由自然生态系统和经济社会系统相互交织、相互作用、相互耦合而成的，是具有特定功能和结构的复合系统，既包括自然要素、生态要素、环境要素、资源要素，也包括社会要素、技术要素和经济要素。自然生态系统是客观存在的，其自身能够自主地进行物流、能流的循环，并具有规律性。这是不以人的意志为转移的。人类的旅游经济活动只能遵循生态系统的固有规律，充分利用生态系统提供各种旅游资源和自然环境才能有效运行。资源和环境的差异性和多样性也是旅游经济子系统中旅游产品多样化的客观基础。旅游经济子系统通过各种科学技术手段，直接或间接地从生态系统中获取各种生态要素，产出社会所需的旅游产品及服务，生产和消费的剩余和残渣再输入自然生态系统。这种关系总的表现为自然生态系统是基础，经济社会系统是主导，这种主导既有正向的作用又有负向的作用。片面追求旅游经济效益和旅游经济发展速度，并不能保证使旅游生态经济社会复合系统整体处于最优状态，生态经济平衡、人与自然协调发展才是旅游生态经济社会复合系统发展的最终目标。

2. 系统之间的辩证关系

旅游自然生态系统和经济社会系统的关系既是对立的，又是统一的，但从根本上说是统一的。这是由旅游生态经济社会复合系统内部存在的基本矛盾及矛盾转化的条件所决定的。

旅游生态经济社会复合系统内部不同子系统存在着各自的运动规律，有质的差别。仅就经济系统而言，就是要达到最大产出水平，以满足旅游者日益扩张的旅游需求，即经济系统存在着经济增长不断扩张的驱动机制，这正是社会经济系统在整个旅游复合系统中主导性、能动性的表现。而自然生态系统是一个自然的供给系统，自然生态系统演替的目标是达到顶级稳定状态，并力求维持长期的相对稳定格局；自然生态系统的基础性作用还表现在经济系统的生产能力受到生态系统有限供给能力的制约，因此，旅游复合系统供给能力受到生态系统的有效制约，即存在有限性。自然生态系统供给有限性和经济社会系统需要扩张无限性之间的对立关系，是旅游生态经济社会复合系统最基本的矛盾，而且这种矛盾存在着日益尖锐化的趋势：一方面在一定时期内形成前所未有的产出水平，提升了人类的旅游体验和生活质量；另一方面旅游资源消耗加剧，生态环境严重破坏，恢复生态平衡的技术却严重滞后，而且这种差距还在加大，并不受国界影响。同时，这种尖锐的矛盾还将长期存在。

3. 系统之间的统一关系

这种统一关系是由旅游生态经济社会复合系统的本质属性所决定的，自然生态系统是经济社会系统的基础，自然生态系统先于经济社会系统存在，经济社会系统是在自然生态系统的基础之上产生并发展的。

人类所有的旅游经济活动都是在自然生态系统中进行的，离开了生态系统的物质、能量供给，离开了生态系统优美的自然风光和优良的生态环境，旅游经济子系统的发展就成为无源之水、无本之木。另外，旅游经济活动又影响、改变着自然生态系统原有的面貌和秩序。这都说明自然生态系统与经济社会系统是统一的整体，二者不可分割。这种关联性决定了旅游经济平衡的实现有赖于生态平衡这一必要条件，要求人们在旅游经济实践中遵循旅游经济复合系统的运行规律——不仅是经济规律，还有生态规律，在取得社会、经济发展的同时又能维护生态平衡，在良性的生态系统中保证旅游经济的良性循环。

旅游生态经济社会复合系统的运动具有规律性，说明人类可以通过掌握其运动的特性，进而有效调节和控制旅游经济的运行过程，使之既符合经济目标，又尊重生态准则。这一过程也正是人类遵循生态规律和经济规律的内在要求。这个系统主要受人类旅游经济活动的驱动，其可控性正是人类对旅游经济进行宏观和微观管理的主要依据。利用系统的反馈机制，把经济活动导向促进生态经济衡、协调发展的良性循环。但可控性并不意味着人类是生态系统的主宰，可以为所欲为。在一定社会发展阶段和一定科技发展水平下，人类对生态规律和经济规律的认识程度和驾驭能力是具有一定局限的，这也是生态经济系统可控性的条件。

二、旅游生态经济社会复合系统的有机构成

（一）旅游经济子系统

经济子系统是生产力系统和生产关系系统在一定自然环境和社会制度下的组合。社会生产力和生产关系的相互作用，又是通过社会再生产过程中生产、交换、分配和消费的循环运行进行的，再加上适应这种经济活动与经济运行的组织方式、方法、制度和机构系统，就构成了一个经济子系统。

旅游经济作为国民经济的一部分纳入国民经济运行系统之中，与国民经济总体及其他子系统、旅游业内部各部门以及旅游业整体之间存在着复杂的系统关系。

旅游经济子系统是在一定的社会、经济、文化、环境背景下，以旅游业生产力六要素，即吃（旅游餐饮业）、住（旅游宾馆业）、行（旅游交通业）、游（旅游景观业）、购（旅游商品业）、娱（旅游娱乐业）为核心，以旅行社为产业龙头，由一系列行业部门组成一个开放的复杂系统。

旅游经济子系统包括以下几个。

1. 旅游产业系统

旅游产业系统包括旅游交通、旅游游览、旅游住宿、旅游餐饮、旅游购物、旅行社、娱乐等部门。这些部门按递进关系横向构造旅游产品形成旅游产业链，满足旅游者在旅游活动中的行、游、吃、住、购、娱等各种基本旅游需求。这些部门彼此相互关联、相互作用，在为旅游者服务这个共同宗旨下形成一个大的产业系统。其中每一个产业的经济活动都是以其他产业的经济活动为基础的，经济规模的变化也都是与其他相关产业经济的变化相联系的。

旅游产业系统的变化可以反映各类经济资源和要素（如资金、劳动力）在旅游经济的各个产业之间的配置状态，并通过一些特定指标（如某个特定时期内旅游总收入、旅游总利税）反映旅游经济总产出水平。

在旅游产业系统内部，由于历史的原因，加上我国还处在经济体制转轨时期，旅游产业的综合性与部门分割的矛盾十分突出，而且随着旅游经济的发展这一矛盾变得越发尖锐。特别是旅游的产业内部各子系统之间联系的人为障碍，割裂了旅游经济的内在联系，难以实现一体化经营与管理，制约了旅游经济子系统的健康发展。

2. 旅游地域系统

旅游地域系统是由旅游资源在旅游系统（或旅游环境）中的主体地位决定的，是旅游产业结构和旅游产品结构的空间形式，表现为一定区域内旅游资源的合理配置与协调。各种旅游资源及其依托的自然生态环境都不是孤立存在的，无论是已有的旅游资源，还是新开发的建设项目，都要将其置于国家整体旅游资源系统中形成吸引物体系，增加其整体功能。反对近距离重复建设，讲究以交通主干线为联系纽带的串联路线结构效应，减少不正当竞争，使各部分充分发挥其效应。旅游地域系统要重视各功能区的合理组合，在中小尺度的旅游景区、景点的开发应用中，贯彻综合协调、方便管理、利用保护并充分满足旅游者需要的原则，使各种特色游览区、娱乐活动区、住宿等生活服务区、管理用地区和商业购物区等在地域上有机组合。

3. 旅游组织系统

旅游组织系统指构成旅游经济的各行业、部门机构和旅游企业机构的设置以及旅游企业的规模等。它一般包括旅游行业组织机构、旅游企业规模结构以及旅游企业内部的组织结构等。各旅游企业群体由于其服务内容、规格与档次等差异，应该坚持以市场需求为导向，同时立足于本地区资源状况实现规模、数量和结构优化，使不同企业群体的数量、质量及其布局科学合理，面向不同的目标市场，实现功能互补。我国旅游产业发展起步晚，旅游企业规模偏小，旅游企业现代企业制度建设滞后等旅游产业结构方面存在的问题必然较多，影响了旅游产业经济效益的提高和旅游企业市场竞争力的提升。要加快旅游企业现代企业制度建设的进程、理顺产权关系、明确责权利，在旅游产业经营上实现大型旅游企业集团化、中型旅游企业专业化、小型旅游企业网络化经营的经营战略，走规模化经营、质量型经营、效益型经营的发展道路。

4. 旅游产品系统

旅游产品是指旅游经营者为满足旅游者在旅游活动中的吃、住、行、游、购、娱等各种需要，凭借各种设施、设备与环境条件向旅游市场提供的全部服务要素之总和。

目前，我国的旅游产品在种类、数量、质量和结构上尚与市场需求存在一定差异，旅游产品的生产需要随着旅游需求的多样化和个性化趋势，向个性化与专业化发展，重视相互协作与结构优化，针对不同旅游规模与旅游消费倾向（如习惯性消费内容、新的消费时尚、消费档次等），根据不同旅游目标市场设计具有不同内容、不同档次和不同时间分配组合的旅游产品。这就客观上要求旅行社、旅游饭店、旅游交通企业与旅游景区、景点与各项旅游服务接待设施之间在数量、质量上比例保持协调一致，实现旅游各部门的一体化经营，取得旅游产业的规模效益，既最大限度地满足旅游者需求，又尽可能节约资源、减少成本，以达到经济效益与社会效益的统一。

旅游经济子系统是以旅游地域系统为基础、以旅游产业系统为主体、以旅游组织系统为保障、以旅游产品系统为特色的开放式复杂式动态系统。旅游经济子系统的发展要受到错综复杂的利益主体关系的影响，并最终将会影响旅游经济生态社会复合系统的协调度。因此，在旅游经济子系统的发展过程中要重视协调好这些不同利益主体的关系，要建立一种生态友好型的旅游经济结构或体系。

（二）旅游社会子系统

马克思认为社会作为一个有机整体，是通过生产力和生产关系的更替不断演进的。社会系统是由社会人与他们之间的经济关系、政治关系和文化关系构成的系统，是由作为社会主体的人按照一定的社会形式组织起来，在从事各种社会活动的过程中，通过与自然环境之间和人与人之间的物质、能量、信息的交换，实现人类自身发展的有机整体。社会系统的要素是个人、人群和组织，联系是经济关系、政治关系和文化关系。旅游社会子系统是指与从事旅游生产经营活动有关并根据一定的规范和制度组合而成的社会群体和社会组织，它包括以下要素。

1. 旅游消费者

旅游消费者就是暂时离开常住地，通过游览、消遣等活动，以获得精神上的愉快感受为主要目的的人。旅游消费者的动机包括满足学习工作之余出去放松自己、锻炼身体的生理和心理需求；增长知识、开阔眼界的精神文化需求；提高自己的社会威望的社会需求；以结交新的朋友、巩固社交网络的社交需求；家人之间、情侣之间、亲朋好友之间增进感情的人际需求以及实现自我价值、追求自我解放的最高层次。

旅游消费者的行为既是经济行为，也是社会行为，还是生态行为，因为其对旅游地社会文化的影响和自然生态的影响都不容忽视。近几十年来，出现了以大规模的客流为特征的“大众旅游”现象。这种旅游现象在给旅游消费者带来更多生活享受的同时，也给旅游目的地带来了前所未有的社会问题和生态问题。从旅游消费者行为角度来看，“负责任旅游”被认为是符合生态和社会伦理准则的旅游行为，意味着旅游者在旅游目的地必须遵守恰当的行为准则，尊重旅游目的地的文化、社会和环境。联合国世界旅游组织（UNWTO）也曾在其提出的《全球旅游伦理规范》基础上，提出了做负责任旅游者和旅行者的建议，认为旅游和旅行是自我教育、相互容忍和了解人民及其文化差异的过程，每一个人具有创造负责任旅行和旅游的责任，政府、企业和社区必须尽量在这方面起作用。建议游客采取下列“负责任旅游”方式旅行：对其他文化保持开放的意识，尊重人权，帮助保护自然资源，尊敬文化资源，采取对地方经济和社会发展做贡献的旅行活动，在出发之前了解目的地当前的健康情况以及其他要注意的紧急和咨询服务，尽量了解目的地，并花费一定的时间去了解习俗、道德、传统，避免冒犯当地人民的行为。熟悉所要访问的目的地法律，以免做出被旅游目的地认为是违法的事情。

可见，旅游消费者采取怎样的态度和行为，不仅关系到个人的旅游体验，也关系到旅游生态保护和社会文明进步乃至旅游经济的健康发展。因此，作为社会系统中重要构成者的旅游消费者理应采取负责任的旅游态度，促进旅游社会子系统与经济子系统和生态子系统之间的良好关系。

2. 旅游地社区

旅游地社区和旅游经济发展有着密切关系：社区居民为当地旅游业发展提供较为充足的人力资源保障和民众支持，当地民众对旅游业及其相关支持系统的认知程度，从旅游业中受益的程度，都影响着居民对待旅游地生态资源环境的态度和行为。此外，影响游客体验质量的因素不仅包括旅游景观、服务因素，还包括游客所感知到的当地的好客氛围等方面。只有当地社区积极参与旅游经济开发并从中获益，才有可能为游客提供高质量的旅游体验，维护旅游业赖以生存的高质量生态环境。但是当地居民一般受教育程度不高，缺乏基本的旅游从业知识和技能，所以旅游地社区是旅游社会子系统中的弱势群体，其地位和权益始终没有得到应有的重视。

旅游地社区是旅游资源所在地，也是当地居民世代从事生产、生活的地方。我国法律规定资源国有或土地集体所有，但土地集体所有权的模糊不清导致了权利真空现象，这使得地方政府介入土地和旅游资源的使用和管理，当地居民反而丧失了应有的财产权利。在许多旅游目的地，当地居民没有享受相应的旅游收益分配，这在很大程度上损害了当地居民的利益，也导致了旅游开发的社会成本的上升。旅游开发征用居民所使用的土地，而居民所得到的有偿使用或拆迁补偿费远远低于资源的商业使用价值，在开发商以很低的代价获得资源使用权的同时，居民的利益受到严重损害，有时补偿还不到位，有的因失去传统生计而失去生活保障，陷入困境。一些地方政府热衷于旅游的商业化开发，严重破坏了旅游资源的生态性。在一些旅游开发中，政府主导模式往往追求的是短期政绩和旅游经济效益，旅游投资者享有“谁投资，谁受益”的政策。“印象·刘三姐”景区的开发带来了河流污染、各类噪声和对漓江生态的破坏等问题。从目前来看虽然当地居民获得了一定的经济利益，但是从可持续发展观来看，环境的破坏会对当地发展旅游带来很大的影响，利益受到损害的是世世代代生活在当地的居民。旅游开发投资商用经济来补偿的办法并不是长久之策。

因此，确保旅游地社区居民利益得到实现，改善当地民生，对旅游地社区居民进行相关的旅游教育和培训，才能让当地人拥有参与本地旅游开发的知识和能力，有能力进入即将建立和经营的提供高质量旅游服务的企业和机构，从旅游开发中受益，成为实现旅游经济可持续发展的重要保障。

3. 公众

公众是对旅游经济发展有实际或潜在利害关系与影响力的个人及群体。其中，金融公众包括银行、证券公司等金融机构，对旅游经济发展的资金支持和保障有直接影响；政府公众主要指各级各类政府管理部门，他们制定和出台各种与旅游经济发展直接或间接相关的政策法规制度，引导旅游经济的发展和走向；媒体公众包括各种新闻从业人员，他们通过舆论报道监督旅游经济发展中的问题，弘扬旅游经济发展中的健康倾向，规范旅游经济发展中的行为；群众团体是如消费者保护组织、动物权益保护组织等群体，他们客观上起到维护旅游市场公平、保护旅游消费者权益等作用；一般公众就是社会上的普通公众，他们对旅游经济发展具有评判、监督发表意见的权利。各种类型的公众通过不同的渠道和形式同旅游经济的发展产生着千丝万缕的联系。这种联系既有可能促进旅游经济的发展，又有可能对旅游经济的发展形成阻力。所以，旅游经济的发展必须充分考虑公众的意见和权利。

（三）旅游生态子系统

旅游生态系统内部存在着具有不同节律特征和运行周期的各个子系统。自然生态系统中的动物、植物、微生物的生长、发育、繁殖和死亡的生命节律，无机环境的年周期、日周期的节律变化，由当地居民生产、生活方式所表现出的社会文化节律，还有旅游消费者的旅游活动及旅游经济活动的运营节律往往都存在一定差距，特别是旅游消费者的旅游活动节律与其他子系统的运行节律之间的矛盾非常突出。将这些具有不同节律特征的各个子系统组合在一起，其运行节律与活动周期必须协同，否则整个旅游生态系统就会变得无序，旅游经济也就不能健康持续发展。

1. 旅游生态子系统的分类

旅游生态子系统可分为自然旅游生态系统和人工旅游生态系统。旅游生态系统是旅游目的地的居民、外来游客与其周围环境相互作用形成的一种特殊的生态系统，是以开展旅游活动作为其主要功能（或主要功能之一）的“自然—经济—社会”复合体。

旅游生态子系统根据旅游目的地的开发程度，可以分为自然型旅游生态系统和人工型旅游生态系统。前者主要是以自然状态存在的，人为加工、改造的成分较少，多为具有原始性、和谐性、脆弱性的纯自然旅游目的地，如自然保护区、国家森林公园等；后者是那些经过长期、深度人为改造或以人造为主的旅游目的地，如国家级旅游度假区、旅游城市等。

旅游生态子系统可分为宏观旅游生态系统和微观旅游生态系统。从宏观尺度上讲，旅游生态系统是自然界中的岩石圈、大气圈、水圈、生物圈与人类社会圈层中的旅游活动圈相互结合而形成的复杂大系统，该系统可以看作自然地理圈层与人类社会活动圈层相结合的一部分。由于旅游生态系统在地域上不构成连续的整体，而主要受人类旅游活动地域范围的限制，所以在中小尺度范围内，旅游生态系统是在自然生态系统基础上，通过人类的旅游活动对自然环境的适应与改造而建立起来的自然与人类的复合体系，表现为旅游目的地、旅游活动及旅游经济发展与它所依存的自然生态环境之间的相互依赖、相互联系、相互作用所形成的网络结构。

2. 旅游生态子系统的功能

旅游生态子系统具有旅游功能和生态功能的双重性特点。一方面，旅游地凭借区域内古朴、优美、清新的自然环境，拥有满足人们回归自然、返璞归真需求的天然条件，因而具有观赏、度假、养生、科学考察和科普教育等旅游功能。另一方面，旅游生态系统也是整个地球生态系统的有机组成部分，作为特定的自然生态系统与环境，它又能通过其物质循环和能量运动使其具有生产生态产品、净化空气、涵养水源、保持水土、维持地域生物多样性和生态平衡、减缓甚至消除环境污染、减少自然灾害、保持人类生存环境稳定健康等生态功能。

生态子系统的特殊性决定，只有保持该系统中各个生态因子之间的协同与平衡，才能使物质、能量及信息的输入与输出既在数量上相对接近，又在质量上促进生态系统的适应和演进。只有生态系统的发展保持在持续、稳定和平衡的状态，才能通过旅游开发满足地方经济发展的需求，在现实和长远目标中提高旅游目的地社区居民的生活水准和生活质量；满足日益增长的旅游消费需求和旅游经济发展需求，继续吸引更多的游客，同时为旅游消费者提供高质量的旅游体验；维护作为旅游发展基本吸引力要素的资源环境质量（包括自然、人文和文化环境要素）；保持或提高旅游业的综合实力和竞争力。

3. 旅游生态子系统的问题

旅游生态系统问题的实质是旅游经济的发展与社会进步和生态改善之间未能实现平衡和协调所造成的，不仅导致了旅游地社区居民和外来旅游者之间的关系紧张，也使得整个旅游经济社会系统和自然生态系统之间产生尖锐对立，最直接的问题就是旅游地生态环境质量的下降、旅游资源的退化和旅游产品的变味以及由此引起的旅游体验质量的下降。根据其成因，可分为原生生态环境问题、次生生态环境问题、社会生态环境问题三种类型。

原生生态环境问题是指由自然作用而引起的生态环境问题，包括因自然灾害引起的旅游资源和环境破坏，以及自然因素（如风化等）而引起的旅游资源和环境质量的劣变；次生生态环境问题是指由于不合理的旅游活动、生产、生活等引起的旅游资源和环境的破坏、污染和价值降低等问题，包括因旅游经营者、管理者、旅游者不合理的活动造成旅游资源和环境的破坏、旅游活动及其他人类活动所产生的“三废”（废物、废水、废气）等而造成的旅游资源和环境质量下降（退化）以及建筑或其他景观与生态环境不和谐等；社会生态环境问题是指因人类社会经济畸形发展或政治动乱（如战争、恐怖事件等）所造成的生态环境质量降低或破坏。

其中，次生生态环境问题是最主要、最关键的表现形式，究其成因，既有源于旅游景区的“建设性破坏”和旅游者人为的生态环境破坏所造成的“内源性”破坏，也有源自旅游景区外围“三废”对旅游环境的污染以及经济建设对旅游环境破坏所形成的“外源性”破坏。无论是何种原因造成的何种形式的破坏，都极大威胁了旅游生态系统的健康运行和良性循环，使其无法持续稳定地为旅游经济社会系统的发展提供必要的自然基础。因此，必须加强对旅游生态系统的维护和改善，将生态系统的建设纳入旅游经济发展的必要框架体系之内，使其成为旅游生态经济社会复合系统运行的前提和保障。

从以上的分析中可以看出，旅游生态经济社会复合系统是由旅游经济子系统、社会子系统和生态子系统耦合而成的复合系统，它不同于三个子系统的简单叠加，而是具有自身运行规律和发展目标的全新的开放式动态复杂系统。这其中，自然生态系统通过生态承载力和环境容量对旅游生态经济社会复合系统的发展规模、发展水平及其内部结构特征起到支配作用，而社会经济系统则通过生态足迹和旅游需求深刻地影响着旅游生态经济社会复合系统的整体面貌。旅游生态经济社会复合系统能否得到健康发育取决于系统的环境容量与生态旅游需求在总量及其结构上的匹配关系，各子系统的最优并不等于系统整体功能的最优，复合系统的经济功能、生态功能和社会功能一般不能同时得到最佳发挥，必须综合平衡或有所侧重，才有可能达到整体功能的最佳状态。该复合系统的特殊性决定要改善和加强系统功能必须遵循自然规律、经济规律和社会规律的辩证统一，因此应把旅游经济发展、旅游资源开发利用、生态环境建设和社会文明进步等因素融入一个完整的旅游经济生态社会复合系统中，才能使各个子系统协调互动发展，实现旅游资源的持续利用、生态环境的稳定平衡、旅游经济的优化高效和社会文化的和谐进步。

第二节　旅游生态经济社会复合系统的矛盾及解决方式

一、旅游生态经济社会复合系统的多重矛盾

（一）旅游经济增长需求无限和生态供给有限之间的矛盾

旅游生态经济社会复合系统的基本矛盾是：快速增长的旅游社会经济系统对自然生态资源需求的无限性，与相对稳定的自然生态系统对自然资源供给的有限性之间的矛盾。在旅游经济发展实践中突出表现为，人们快速增长的旅游消费需求和自然旅游资源供给相对不足及生态环境容量有限所带来的挑战。

首先，旅游生态经济社会复合系统是消耗系统，因此引发了旅游供给消费和旅游资源承载力的矛盾。没有对旅游资源的开发和自然生态环境的利用，旅游经济的发展是难以为继的，所以对旅游资源的消耗和对生态环境的利用存在边界，并非毫无节制。

其次，旅游生态经济社会复合系统是排泄系统，因此引发了旅游生产和消费过程中产生的污染和自然生态系统自净能力的矛盾。旅游产业看似是无烟工业，但实际上旅游经济的发展一样会产生垃圾和污染，成为破坏自然生态的重要根源。因此旅游经济活动也存在极限，不能超过自然生态环境的自净能力。

最后，旅游生态经济社会复合系统是一个活动系统，因此引发了经济社会系统的活

动力和自然生态系统的环境容量之间的矛盾。自然生态系统是旅游经济活动的舞台，但是这种活动时时给自然生态系统带来巨大压力，甚至超出环境容量。尤其是近年来随着旅游经济的高速发展，这种生态压力表现得尤为明显。

目前旅游经济的发展方式仍然以掠夺性地消耗旅游资源为主，给自然生态环境带来巨大压力，对旅游资源消耗利用以及对环境污染的增长速度要快于旅游经济的增长速度。随着旅游经济的迅速发展和旅游需求的不断增加，这种矛盾已经表现得越来越明显：一方面，人们的旅游需求不断呈几何级数增长；另一方面，由自然生态超负荷运转和环境污染而产生的自然生态的供给力却在不断缩小，其结果必然导致旅游生态系统矛盾的不断激化。所以，旅游经济增长和环境污染、生态破坏、资源退化之间的矛盾是现阶段旅游生态经济社会复合系统基本矛盾运动的主要形式。

（二）旅游经济扶贫意愿和生态保护意识之间的矛盾

旅游扶贫就是在旅游资源条件较好的贫困地区通过旅游业的发展带动地区经济发展，进而脱贫致富的一种区域经济发展模式。这些贫困地区往往区位条件差，基础设施薄弱，劳动力素质较低，吸引外资能力有限，而旅游资源异常丰富。但是贫困的治理并不是一项随意的短期行为，否则就会使一些贫困地区在暂时脱离贫困之后又出现“返贫”现象。在这些地区，旅游资源的富集性与生态环境的脆弱性是并存的，虽然旅游具有扶贫和促进当地社会经济发展的拉动效应，但是旅游经济是典型的资源依托型产业，对生态环境具有极强的依附性和依存性，良好的自然生态系统是其发展前提。因此，通过旅游扶贫，也必须协调旅游开发与生态环境建设，促进两个产业的互动，解决好经济发展和生态保护之间的矛盾。在面临上述矛盾时，无论是当地政府还是社区居民对于通过发展旅游经济来摆脱贫困的愿望都十分迫切。因此对于外来资本的投资几乎都是抱着欢迎的态度，至于其环境影响和评价则考虑得十分有限。而资本带有逐利的天性，在面临经济利益与生态利益冲突的时候，他们往往会自觉地选择牺牲生态利益来获取和维护经济利益，导致在很多旅游地消灭贫穷和保护生态环境的矛盾突出。因此旅游扶贫开发必须把生态保护放在首位，在开发中强化保护，做到严格保护，合理开发，强化管理，不能以牺牲旅游资源和生态环境为代价来换取一时的“繁荣”。

（三）旅游经济发展的物质文明和生态文明建设不足之间的矛盾

随着社会进步、经济发展、人口增长、生活水平不断提高，人类改造生态环境的能力和范围不断扩大，自然生态环境不断恶化，环境污染加重，自然灾害加剧，资源短缺，生态失衡。生态危机已经到了影响人类生存、社会发展和国家兴盛的地步，对此，在我国社会主义社会建设已经着力实施建设的物质文明、精神文明、政治文明三大文明基础上，提出必须重视的作为“三大文明”建设之后的第四文明——生态文明，将其作为人类文明体系的重要组成部分，作为我国社会主义现代化建设的第四个基本目标。

旅游经济发展对生态环境具有最直接的影响和最明显的作用，重视旅游经济增长、轻视生态环境保护建设是一直以来困扰和制约旅游经济发展的问题，成为当今旅游经济发展过程中生态经济矛盾的核心问题之一。事实上物质文明建设不能以失去生态文明为代价，只注重经济效益的物质追求，会造成严重的生态环境破坏，有的破坏甚至无法逆转，以牺牲生态环境为代价来谋求旅游经济发展反过来又制约旅游经济发展。

生态文明建设不仅包括生态环境保护、污染治理和维护生态安全，而且包括环境建设、环境修复，更应该加强生态文明意识形态建设，发展生态文化，培育生态道德。只有有了文明的生态意识，才能有符合生态要求的生活和生产行为。生态文明建设的目的就是使旅游经济建设与资源、环境相协调，实现良性循环，走生产发展、生活富裕、生态良好的文明发展道路，保证旅游经济和整个国民经济体系的永续发展。

二、旅游生态经济社会复合系统矛盾的解决方式

（一）改变传统经济发展方式

工业革命以来，人类社会迅速发展，物质财富大大增加。人们开始相信只要不断改进生产方式、大规模地投资、大规模地生产、大力发展工业，就可以无限制地征服自然、改造自然，就可以保证经济的高速增长，而经济的发展又会带动社会其他方面的发展，如政治的民主化、教育的发达、价值观念的更新、生活方式的变革等，人们沉浸在征服自然、改造自然的快乐中，也期待着人类社会的全面发展。然而这种以经济为中心的发展战略是建立在消费大量不可再生资源的基础之上的。随着时间的推移，这种发展战略越来越暴露出局限性。进入 21 世纪，生态环境日益恶化，人口数量逐年增加，生态危机和人口爆炸已经严重制约了社会的发展。

旅游经济发展中所暴露出来的种种问题已经表明，传统旅游经济发展方式只是把经济社会系统直接供给旅游经济生产消费的物质定义为财富；而由自然生态系统直接供给旅游经济生产和人们生命与生活的物质不视为财富，排除在旅游经济的生产与分配过程之

外。这种否定生态要素作用、排斥生态资本、忽视生态成本的做法已经使旅游经济的发展付出了巨大代价，如果继续沿用传统旅游经济发展方式，就将会导致巨大风险。

（二）可持续经济发展方式的迫切要求

生态经济系统基本矛盾尖锐化并不能成为以“增长极限”“零速增长”“反增长”“反实现”等悲观论调来看待未来世界发展的根据，而恰恰说明生态经济系统的内在要求是保持其生态与经济的相互协调、和谐发展。

旅游生态经济社会复合系统的矛盾运动反映了人类对可持续旅游经济发展方式的迫切要求，可持续旅游经济发展方式强调人类在追求生存与发展权利时应保持与自然旅游资源和生态环境的和谐关系，强调当代人在创造和追求今天的旅游经济发展与进行旅游消费时应承认并努力做到使自己的机会与后代的机会平等，这是在旅游经济领域解决生态经济矛盾的新的发展思路。

可持续旅游经济发展方式调整和改变了人们旅游经济活动的价值体系，克服了传统经济发展方式用货币表现的一定时期内所产生的全部物质资料价值的产值观，认为现代社会旅游经济发展是人们为了提高物质生活和精神生活水平，以一定的生产关系联系起来，在保护自然生态环境和旅游资源的前提下，通过合理地利用自然、开发自然和改造自然，创造物质财富和精神财富的过程。它创造了新的生态经济价值观，使人们的旅游经济行为在不危及生态系统的前提下寻求当代旅游经济发展与生态系统协调的发展途径，使生态价值总量在旅游经济发展过程中不至于下降和大量损失，使旅游资源和自然生态环境的数量和质量得以保证旅游经济可持续发展，缓解生态系统供给不足的矛盾。

在可持续旅游经济发展方式的指导下，只有正确地认识旅游生态经济社会复合系统的矛盾运动，才能正确处理好经济发展与环境保护、人与自然和谐等关系，才能保证我国旅游经济建设的顺利进行并使其取得应有的成效。如果对旅游生态经济社会复合系统矛盾不能形成正确的认识并使其得到合理的解决，则不但会造成生态环境破坏和污染，使旅游经济的发展受到严重影响、缺乏持续发展的动力，而且会给子孙后代留下沉重的包袱或负担，甚至是毁灭性的灾难。党的二十大报告强调：“中国式现代化是人与自然和谐共生的现代化”“必须牢固树立和践行绿水青山就是金山银山的理念，站在人与自然和谐共生的高度谋划发展”。这是一条符合中国国情的可持续发展之路。实际上，只有人与自然关系和谐，生态系统保持在良性循环水平上，人的发展才能获得永续的发展空间。

三、可持续旅游经济发展方式的三维动力机制

（一）生态可持续性、社会可持续性和经济可持续性相互适应

生态可持续性是生态资本存量非减性的表征，是旅游资源和生态环境质量对旅游经济社会系统可持续发展所具有的生态适应性。它要求人类维护旅游资源的生产能力，维护旅游生态系统的完整性和生物多样性，保持旅游环境总体状态的相对稳定与协调，从而使旅游经济发展保持在旅游生态系统承载力的范围之内，促使生态潜力的积蓄速度超过经济潜力的增长速度，实现生态资本存量至少不下降或有所提高。

经济可持续性是经济资本存量增加的表征，是旅游经济发展对生态和社会可持续发展所具有的经济适应性。通过科技进步机制和投入机制可以使旅游经济的发展更好地适应生态和社会的全面进步，旅游经济系统的可持续性和社会、生态可持续性是交织在一起的。旅游生态系统平衡若遭到破坏，会使旅游经济系统得不到足够的物质和能量，导致经济系统运动失衡。反之，维护和改善旅游生态系统所获得的生态效益，又必须依靠经济系统的支持，并随时间推移转化为经济效益和社会效益。

社会可持续性是人力资本存量增加的表征，是社会发展对生态和经济可持续发展所具有的社会适应性。社会可持续性既包括人们在旅游活动中所追求的物质享受和精神享受，又包括人们对旅游生态环境和资源质量的生态需求。我们应提倡适度消费和文明旅游方式，通过旅游活动达到人与自然和谐共生的境界。

旅游经济发展是以生态可持续性为基础与以经济可持续性为主导相互适应、相互作用的协调关系，既不以牺牲旅游生态系统的利益为代价来换取旅游经济增长，也不以牺牲旅游经济系统的增长来片面强调旅游生态系统的保护，而是在三种可持续性相互适应的基础上建立可持续旅游经济发展方式，实现旅游经济在生态、社会和经济三个维度上的良性循环和健康发展。

（二）生态资本、人力资本、物质资本相互增值

可持续旅游经济发展方式将价值、财富和资源配置的内涵拓宽到生态、经济和社会方面，使生态资本与人力资本、物质资本一起协同发挥作用，成为驱动旅游生态经济社会复合系统健康发展的“三驾马车”。

物质资本积累是促进旅游经济增长的重要因素，人力资本是旅游经济增长的主要源泉，在可持续旅游经济发展方式的视野体系之内，生态资本与人力资本、物质资本一起成为社

会总资本的重要内容，而且是旅游经济可持续发展的最基本制约因素，并起到基础性决定作用。

生态资本对于旅游经济活动是一种有价值的具有基础性、公共性的自然资产，在市场经济条件下，人类社会经济活动如果使用和消耗了这种自然资产，或者活动过程和结果对这种自然资产造成损害，就必须按照生态资本保值增值的要求设立“生态资源账户”，在价值上进行补偿。人类旅游经济活动除了通过价值补偿保护修复生态资本外，还必须通过人类绿色技术、绿色金融、绿色管理等绿色实践活动，高效开发和节约利用生态成本，最大限度减少对生态成本的人为干预和破坏，实现生态资本量的累积和质量的提高，扩大提升人类经济扩大再生产和可持续发展的自然基础。

生态资本是存在于旅游生态系统内用于旅游经济活动的自然资产，但并非“大自然的恩赐”。生态资本是资本体系存在的自然物质基础，离开这种自然物质基础，其他资本形态就无从谈起；生态资本是资本体系保值增值运动的自然物质基础，生态资本的保值增值决定其他资本的保值增值，其他资本形态都必须反映生态资本保值增值发展规律的要求，并接受生态资本的规定、制约和改造。

传统旅游经济发展方式使人们将社会总资本仅仅视为物质资本，因而旅游经济活动只是追求物质资本的利用与增值，而忽视人力资本和生态资本的有效利用和不断增值，甚至为了尽快壮大物质资本而不惜牺牲自然资产和人力资源，造成人力资本和生态资本的极大浪费和严重破坏。只有在三类资本相互增值的基础上建立可持续旅游经济发展方式，才能符合现代生产力发展和社会文明进步的客观要求，保持社会总资本存量增加，为旅游经济可持续发展提供必要前提。

（三）生态创新、技术创新、制度创新相互作用

制度创新不仅是指物质生产领域的经济体制及其运行机制的变革，而且包括精神生产、人类自身生产和生态生产等领域的体制及其运行机制的变革。只有这样，才能实现物质再生产、精神再生产、人类自身再生产和生态再生产的相互适应与协调发展，才能促进物质资本、人力资本、生态资本相互增值，从而确保经济可持续发展。

技术创新是旅游经济可持续发展的主要驱动力。旅游经济的技术创新应用体现在以下几点。

第一，产品创新。例如，旅游景点的重构与再造，旅游纪念商品的设计、开发、制作，娱乐场所的改造，旅游线路和旅游方式的多样化创新组合等。

第二，工艺创新。例如，交通、通信、食宿、游览、娱乐、安全、督察、旅游商务、

受理投诉等与旅游相关的各项服务手段的改进。

第三，功能创新。例如，运用最新的高科技手段多角度地开发旅游景点和休闲活动的文化内涵；对某些特殊景点和服务设施进行多功能化的综合设计；运用相应的宣传促销理念和手段改变或诱导游客，帮助旅游服务人员树立新的旅游观念，提高游客和服务人员的旅游文化档次等。

生态创新包括旅游生态系统本身的变革、人工生态系统和经济社会系统的创造，即社会生产、分配、流通、消费、再生产各个环节的生态化过程。通过生态创新有目的地改变人与环境的生态关系，增加旅游生态系统运转的生态资本，增强旅游生态系统的转化功能，能够使旅游生态系统的结构和功能更好地适应旅游经济社会系统的发展需要，提高旅游生态系统适应现代旅游经济发展的供给能力和对旅游经济发展的支撑能力。

制度创新、技术创新、生态创新相互作用的可持续旅游经济发展方式推动着旅游经济的健康运行与可持续发展，它表明旅游经济发展过程中制度演变与技术进步—生态改善之间存在必然的、内在的、本质的联系。对于旅游经济运行和发展，制度创新具有保障作用，技术创新具有主导作用，生态创新则具有基础作用。

（四）生态文明、精神文明、物质文明相互促进

旅游经济建设要追求物质文明、精神文明和生态文明的有机统一与协调发展。物质文明建设主要解决人们福利增加的物质需要，旅游是人类在现代物质文明高度发展基础上所形成的一种高层次的生活需求。精神文明建设主要满足人们全面发展的精神需要，旅游的本质是一种精神文化活动，发展旅游经济，人们通过参观、游览、观赏吸收古今中外文化的宝贵财富，增加知识，丰富阅历，可以提高国民素质，从而提高人力资本的质量。

生态文明既包含物质文明的内容，又包含精神文明的内容。生态文明并不是要求人们消极地对待自然，在自然面前无所作为，而是在把握自然规律的基础上积极能动地利用自然、改造自然，使之更好地为人类服务，在这一点上，它是与物质文明一致的。生态文明又具有精神文明建设的内容，要求人类尊重和爱护自然，将人类的生活建设得更加美好；要求人类自觉、自律，树立生态观念，约束自己的行动，人在生态经济系统中的主体性和能动性可最终实现系统的可持续发展。尽管生态文明与物质文明和精神文明有一定的联系，却并不是两者的附属物，生态文明建设有其相对独立性。生态文明建设的一个重要内容就是要恢复和保持生态系统的整体有用性，只有通过生态文明建设，保护自然生产力，解放和发展生态生产力，旅游经济活动才能实现生态效益、社会效益和经济效益的协同发展。

旅游经济的发展，既包括物质财富的增加又包括社会文明的进步，还包括自然生态系统的发展，其中生态系统的发展状态与走向越来越成为评价旅游经济发展质量、水平和程度的客观标志。所以，重视生态文明建设，形成物质文明、精神文明和生态文明的紧密结合，并将其有机统一于旅游经济的可持续发展进程中，是我国建设现代文明的客观需要，也是可持续旅游经济发展方式的战略任务。

可持续旅游经济发展方式是一种多要素全方位的综合发展方式，它以旅游经济发展为中心，将经济发展与社会、制度、科技、资源、环境融为一体，建立生态经济协调发展、人与自然和谐相处的新型发展观。

第七章　旅游经济发展方式转变的动因及多重约束

第一节　旅游经济发展方式转变的动因

一、旅游经济发展方式转变的经济动因

（一）旅游自身发展面临升级转型

经济发展与经济增长是内涵与外延完全不同的两个基本概念。具体地说，经济发展的内涵包括以下几个方面：①经济数量的增长，即一个国家或地区产品通过增加投入或提高效率获得更多的产出，构成经济发展的物质基础；②经济结构的优化，即一个国家或地区投入结构、产出结构、分配结构、消费结构等各种结构的协调和优化，是经济发展的必然环节；③经济质量的提高，即一个国家或地区的经济效益水平、社会和个人福利水平、居民实际生活质量、经济稳定程度、自然生态改善程度以及政治、文化和人的现代化，是经济发展的最终标志。经济增长是指一个国家或地区经济量上的变化或增加，即指一定时期产品和劳务的增长。经济增长包含在经济发展之中，它是促成经济发展的基本动力和物质保障。

一般而言，经济增长是手段，经济发展是目的；经济增长是经济发展的基础，经济发展是经济增长的结果。同理，生态外生型传统旅游经济发展方式作为单纯追求旅游经济

增长的发展方式，实际上只是旅游经济发展的一种“过程状态”；而生态内生型可持续发展方式同时关注旅游经济数量增长、旅游经济结构优化和旅游经济质量提高，是旅游经济发展到较高层面的一种“理想状态”。

我国的旅游业经历了高资源代价、高环境代价的高速增长阶段，基本达到了旅游经济发展的“过程状态”，通过其自身的自组织功能也已积蓄了较强的向旅游经济发展“理想状态”转变、实现升级转型的动能。

1. 旅游资源驱动

旅游资源是指那些凡是能够激发旅游者旅游动机并促动其实现旅游活动，可为旅游业发展所利用，并由此产生一定的经济、社会及生态环境效益的一切自然存在和社会创造。一个国家或地区旅游资源的特色、丰度状况、利用程度及开发水平，直接影响到其旅游业经营的规模和与之相关的旅游消费水平。旅游资源既有有形的如山川、泉瀑、园林、寺塔等形态化的物质资源，也有无形的如文化、民俗等不易感知和触摸到的非物质资源。无论哪种形式的旅游资源，如果利用和保护不当，都容易遭到破坏、消失甚至永远不可再生。我国部分省市自治区将旅游业定位为“支柱产业”来发展，基层县、乡、镇、村开发旅游的热潮如火如荼，“旅游名镇”“旅游名村”遍地开花，凡是对旅游者稍具吸引力的资源基本上都成为旅游开发的对象。尽管政府早已把提高资源利用率和转变经济增长方式作为经济社会可持续发展的主题与当务之急，但习惯于以 GDP 作为经济增长目标和政绩考核指标，使以大量消耗资源和粗放经营为特征的传统发展模式得以延续，对旅游资源重开发轻保护，存在着“高投入、高消耗、高排放、不协调、难循环、低效率”的问题。因此，转变旅游经济发展方式，由旅游资源的粗放式开发转向精致化开发，成为旅游经济发展的一种内在需求。

2. 旅游环境驱动

旅游与环境之间的作用关系是一个双向的交互过程，两者相生相克。旅游开发以旅游目的地的环境为依托，同时又以人为因素对环境的影响为代价。伴随着旅游业的蓬勃发展，旅游环境质量问题也日益突出。在旅游业为满足旅游者吃、住、行、游、购、娱等需求而进行旅游产品生产的时候，必然引起程度不一的环境污染和生态破坏。特别是人类在开发建设风景区的时候，必然对环境输入一定的物质和能量，如建筑材料、物资设备、食物、燃料等，这就对景观生态系统物质循环与能量流动产生一种很强的干扰。旅游者作为旅游产品的消费者，在旅游消费活动中又再次产生干扰或污染。例如，将原始森林辟为森林公园，往往导致某些物种尤其是野生物种濒临灭绝，而络绎不绝的游客又会使许多动物远走高飞。一个显著的事实是，我国旅游地环境质量退化加剧，几乎每一个旅游地都面临着水污染、大气污染及垃圾污染等环境压力。此外，旅游环境容量问题也不容忽视，如假日旅游“火爆”的背后是景区内的拥挤不堪、人满为患、交通紧张、食宿困难等一系列难题。可见，只有以切实保护旅游环境为前提，转变旅游经济发展方式，才能实现旅游业的可持续发展。

3. 旅游竞争力驱动

在市场经济条件下，竞争是所有企业都必须直面的挑战。随着经济全球化和信息技术的飞速发展，市场竞争也日益激烈，我国旅游企业面临空前的外部竞争压力。实际上，在我国服务贸易的大门完全向国外打开之前，由于对国外旅游企业准入门槛的限制，国内旅游企业是在一种相对受保护的状态下进行的内部不完全竞争。在这种竞争状态下，旅游经济并非最具效率和活力；而随着对外开放，与国外大型旅游企业集团在同一起跑线上赛跑成为现实，国内外旅游企业将在资金、资源、人才、效率等诸多方面进行全方位比拼。此时，如果不转变旅游经济发展方式，就不能从根本上提升旅游经济的整体实力，就会直接影响我国旅游经济的国际竞争力。

（二）旅游市场生态需求不断升温

由于生态旅游是通过人们喜闻乐见、生动形象的宣传形式来展示自然科学知识，增强人们的环保意识和科学文化素养，同时还贯穿了美的欣赏、身心的愉悦和体质的增强，因而受到广大人民群众的青睐，其市场需求不断升温。

生态旅游的自然观认为，生态旅游是“到相对没有受干扰和污染的自然界去旅游，尽情欣赏大自然风光，并感受人类文明发展的历史”，需要“带着真诚去旅游，去感受相对原始的乡村环境和乡土文化，观察和亲近野生动物，在不损害地方文化和自然资源的情况下尽情游乐”。简单地讲，生态旅游就是享受自然，并通过对大自然真实的感受和体验，唤醒人们的环境意识。

生态旅游的环保观认为，生态旅游过程中对大自然的感受、认识和改善都应谨慎从事，从而使生态旅游不会出现传统旅游可能产生的环境和社会问题。生态旅游将努力为每个旅游者树立更加清晰的环保意识，并对旅游目的地的社会经济发展和生态条件的改善做出积极的贡献。因此，生态旅游就没有必要大规模、集中性地开发，以免造成生态环境的恶化，而是应尽可能地让人们更多地接触和体验大自然的奇妙，进而认识到环境的价值并加以保护，保留那些曾经遭到破坏而加以修复的环境。

生态旅游的经济观认为，生态旅游应当是一种模式，即将自然区域作为发展旅游的基础部分，而其中的生物资源则是和社会经济密切相连的部分。通过对当地的投资和当地居民的参与，小规模渐进式发展，提供一种既能保护环境又能带动经济发展的机遇。因此，通过社区参与的方式建立和保护生态旅游区，并通过市场化加强管理，进而对旅游目的地的社会经济发展和生态条件的改善做出积极的贡献应该成为一种既发展经济又保护环境的理想化答案。

正是基于上述共识，旅游市场的生态需求日益强烈。可以说，作为旅游市场的重要组成部分，生态旅游的勃兴和逐渐走向深入，构成旅游经济发展方式转变的市场动因。

（三）旅游生态补偿机制有望完善

1. 财政转移型旅游生态补偿机制

此种补偿机制的实质就是政府在公平的基础上将部分财政收入进行重新再分配的过程，政府运用补贴或奖励的形式，对保护和建设生态环境中的公益劳动行为给予不完全的报酬支付，对因保护生态环境而牺牲自身利益的人们给予不完全的补给。但这种补偿机制完全依靠“外部输入性供给”，使当地生态保护和建设工作缺乏自我发展的机制，丧失了生态保护的内驱原动力和内生支撑力。而且，补偿资金是按照财政收入的一定比例支出，与实际发生的经济损失或贡献大小的关联度不强，无法对损益者所牺牲的利益进行全部性补偿，难以满足受补者对补偿强度的现实需求。

2. 反哺型旅游生态补偿机制

此种补偿机制的关键在于准确找到因为旅游开发行为而形成的经济受益者和生态环境损益者，由受益者按照适当的比例对损益者进行补偿。由于生态环境资源作为外部性的公共物品具有投入产出的外溢性，因此难以显示区际环境变化与相邻地区社会增长之间的内在联系。确定科学合理的补偿计算方法并对补偿机制进行操作量化，是反哺型生态补偿机制能否顺利实施的关键性因素，必须在生态补偿的受益者和损益者之间找到最佳的平衡点，多方考察，联动运作，建立一套相应的生态补偿评价体系。

3. 公益型旅游生态补偿机制

此种补偿机制代表着生态补偿机制未来的发展趋势。本着“谁开发谁保护，谁破坏谁恢复，谁利用谁补偿”的原则，国家根据生产经营方式和环境保护活动等因素来增收生态环境补偿费，补偿金纳入预算管理后转为用于生态环境保护的专项费用，对因保护生态而放弃正常发展的受损者进行补偿，对生态环境的建设者进行资助。公益型生态补偿机制能够处理好地区和地区之间、近期与长期之间的生态利益关系，在法律和市场手段的共同调节下能盘活整体生态资源，为社会发展构建起环境资源支撑体系。

显然，旅游生态补偿机制的出现本身就是旅游经济发展方式转变的一种制度尝试，随着旅游生态补偿机制的不断完善，旅游经济发展方式也将不断走向健康、科学。

（四）旅游循环经济正在逐步推广

旅游循环经济是循环经济理论在旅游业中的运用，是循环经济思想与可持续发展思想在旅游业中的具体体现。发展旅游循环经济是实现社会、经济和环境“共赢”的需要。传统旅游经济发展忽视了社会经济结构内部各产业之间的有机联系和共生关系，忽视了社会经济系统和自然生态系统之间物质、能量和信息的传递、迁移、循环，违背了旅游地生命周期理论等规律，形成了资源消耗型的线性经济发展模式，导致很多旅游资源遭到破坏或者枯竭，产生环境污染，造成经济社会和人民健康的损害。而旅游循环经济严格遵循“3R”原则，即减量化（Reduce）、再利用（Reuse）、再循环（Recycle），模拟自然生态系统运行方式，运用生态学规律指导一切旅游经济活动，通过预防和再利用代替“末端治理”，全方位地节约资源和保护环境，在旅游开发和旅游运营中实现旅游景区的环保性开发、旅游资源的高效率利用、旅游产品的生态设计和旅游者的可持续消费，使旅游经济的发展从数量型向质量型转变，同时还拉长了旅游产业链，推动了环保产业和其他新型产业的发展，增加了就业机会，促进了社会发展。

旅游循环经济的实践涉及旅游业的各个相关层面，包括旅游目的地、旅游客源地及旅游通道等环节，需要从旅游区规划开发、旅游活动开展的全过程综合考虑。

可以预见，旅游循环经济代表了我国旅游业未来发展的方向，它也构成了旅游经济发展方式转变的内生动力。

二、旅游经济发展方式转变的社会动因

（一）社会环保意识的觉醒

2009 年 12 月 7 日，在丹麦首都哥本哈根召开的联合国气候变化大会上，全世界再一次将目光聚焦于环境保护问题，各国都以较为积极的姿态参与其中，集思广益，献计献策。可以说此次会议是全人类对当前生产和生活方式的一次集体而深刻的反思。人类意识到生产和消费过程中出现的过量碳排放是形成气候问题的重要因素之一，因而要减少碳排放就要相应优化和约束某些消费和生产活动。由于“低碳生活”（Low-carbon Life）理念顺

应了人类“未雨绸缪”的谨慎原则和追求完美的心理与理想，一经提出就得到广泛的认同。

所谓低碳生活，是指生活作息时尽量减少能量耗用，从而降低二氧化碳排放量的生活方式。实际上，低碳生活就是一种简约生活的态度，是每一个普通的社会个体自然而然地去节约身边各种资源的一种生活习惯。可喜的是，作为追求低碳生活方式的族群，“低碳族”已经悄然兴起，其规模不断扩大，他们不仅自己主动在衣、食、住、行等方面厉行节约，而且积极地去影响周围的人，纠正身边的各种浪费资源的行为。尽管二氧化碳给全球带来的环境危机依然十分严重，但日益觉醒的社会环保意识却让我们看到了让地球重新恢复勃勃生机的希望和曙光。

值得一提的是，与众多其他减碳手段相比，“林业碳汇”措施因其成本低、效益高、操作易而备受青睐。林业碳汇是通过实施造林和森林经营管理、植被恢复等活动，吸收固定大气中的二氧化碳，释放氧气，从而起到减少空气中二氧化碳的作用。在北京的八达岭，一个碳汇林场已经成型，如果想抵消掉自己的碳排放，可以来这里购买碳汇林或种树，这种减碳方式吸引了大量的环保先行者，也成为“低碳族”实现“去碳化”承诺的首选。从另外一个角度来看，林业碳汇也是环保教育与森林生态旅游完美结合的产物，是生态外生型传统旅游经济发展方式向生态内生型可持续发展方向成功转变的典型例证。

与“低碳族”类似，“乐活族”（Lifestyles of Health and Sustainability，LOHAS）也是进入21世纪后兴起的一个倡导环保和绿色生活理念的族群，他们崇尚义利合一、天人合一与身心灵均衡发展的价值观，树立离苦得乐、与自然和他人共乐的人生观，主动放弃违背道德、健康、环保与可持续原则的思想与理念，树立人与自然、人与社会、传统与现代、国内与国际都能和谐共生的发展观。“乐活”这个概念是美国社会学者保罗·瑞恩在1998年出版的《文化创意者：5000万人如何改变世界》中首先提出的，意为“健康永续的生活方式”。形象地讲，“乐活”就是在消费时，会考虑到自己和家人的健康以及对生态环境的责任心。这个全新概念的出现，无形中给既要享受现代技术生活又要对自然环境负责的态度倾向下了定义，如同法国学者利奥塔在研究后现代的著作中思考的那样，“后现代总是隐含在现代里，启蒙、后启蒙和非启蒙呈现顺序状态，追求人与自然的和谐直接将现代性引入到了后启蒙中”。

随着“乐活族”的异军突起，“乐活”市场应运而生，包括持续经济（再生能源）、健康生活形态（有机食品、健康食品等）、另类疗法、个人成长（如瑜伽、健身、心灵成长等）和生态生活（二手用品、环保家具、节能汽车、生态旅游等）。

不论是在“低碳族”还是在“乐活族”身上，都贴上了鲜明的环保标签，他们对环保生活方式的不懈追求与恳切要求，直接成为旅游经济发展方式转变的强大动力。

（二）旅游方式的绿色转变

21 世纪，绿色被视为文明的标志。在人们生产生活的各个领域纷纷刮起“绿色风暴”，旅游业也不例外，“绿色旅游”方兴未艾并逐渐成为一种新的社会潮流。绿色旅游是近年来提出的一种出游新方式，希望游客在旅游时既能放松身心又可以保护环境，并可以用简单易行的方法减少自己对环境带来的影响。以这种方式旅游的游客则被称为“绿色游客”。

绿色旅游作为一种新的旅游形态，具有观光、度假、休养、科学考察、探险和科普教育等多重功能。对旅游者来说不仅是享乐体验，而且是一种学习体验，不是单纯地利用自然环境，而是依靠自然和旅游的并行关系在对自然带有敬畏感和环保意识的基础上进行的旅游，它增加了旅游者与自然亲近的机会，深化了人们对生活的理解。

在我国，绿色旅游主要以森林公园、自然保护区、野生动物园和生态农业园等形态的旅游地为依托。这类地方既是旅游消费者心仪的旅游目的地，也是旅游开发者积极投资的热土。近年来，随着绿色旅游热，其数量和规模都有了较大幅度的增长。

概括来说，绿色旅游的兴起源于旅游经营者和旅游消费者基于社会发展趋势把握的理念革新。就旅游经营者而言，经济效益、社会效益与环境效益的和谐统一，引导以绿色环保为宗旨的健康消费时尚成为其终极目标。就旅游消费者而言，绿色审美理念、绿色行为理念逐渐深入人心，旅游景观中的原生形态美成为审美的最高理想；“除了脚印什么也不要留下，除了照片什么也不要带走”的口号则成为人们外出旅游的行为准则。

毫无疑问，人们旅游方式的绿色转变，也将在很大程度上推动旅游经济发展方式与时俱进，实现由生态外生型向生态内生型的转变。

三、旅游经济发展方式转变的自然动因

（一）旅游经济发展对生态需求量和依赖度增大

1. 需求原因

在旅游资源环境存量一定的情况下，需求增长是导致其对旅游经济可持续发展约束的首要原因。

2. 利用原因

旅游经济发展存在着“高投入、高消耗、高排放、不协调、难循环、低效率”的问题，成为加剧旅游资源环境对可持续发展约束的主要原因。

3. 管理原因

有效管理是节约旅游资源和保护生态环境的重要手段，然而我国资源环境管理不完善，成为资源环境对可持续发展约束的基本原因。尽管我国已颁布实施了《中华人民共和国节约能源法》《中华人民共和国矿产资源法》《中华人民共和国水法》《中华人民共和国清洁生产促进法》《中华人民共和国可再生能源法》等法律，但在资源节约和综合利用方面仍然是薄弱环节，一些法律的内容已不适应社会主义市场经济体制日臻完善的形势要求，有些法律的原则性较强、可操作性较差，各经济主体节约资源和保护环境的法律义务和责任不明确，加之法律执行力度不够，检查监督不到位，使法律法规失去本身的严肃性，难以对浪费资源和破坏环境的行为实施有效惩处，加剧了旅游资源消耗和浪费。

（二）旅游经济发展对生态基础的破坏十分明显

旅游经济发展对生态资源和生态环境的破坏十分突出，其具体行为概括起来有以下几种。

1. 人类经济行为的不当破坏了旅游资源与环境

在经济发展过程中，工业生产排放的废物及产生的噪声污染了旅游区的自然环境，扰乱了旅游区应有的宁静。一方面，旅游区丧失了以往清新的空气、透明的水体、静谧的氛围；另一方面，游客游览的兴致因环境污染而降低。

不合理的资源利用与农业生产方式破坏了旅游区的自然生态平衡，旅游资源直接受到影响，如采伐森林、过度开采地下水、开山炸石等活动造成水土流失、游览水体水位下降、奇山丽景惨遭破坏等。

在经济结构、生产力布局、城市发展规划中，忽视旅游资源的存在，使得区域经济结构类型、生产力布局方式、城市发展方向与旅游业正常、可持续发展对环境条件的要求不相适应。

2. 旅游开发和建设破坏旅游区环境

在旅游资源开发利用过程中，有关设施建设与旅游区整体不协调，造成旅游资源、旅游区生态环境，特别是旅游气氛环境的破坏，主要表现为古迹复原处理不当、新设项目与旅游区景观不协调，改变或破坏了旅游区所有的且应当保留的历史、文化、民族风格和气氛。例如，某一旅游对象的旅游价值主要表现在其本身所蕴含的独特的历史、文化、民族风格。在开发利用旅游资源时，这些无疑是应当保留且极力保护并充分予以表现的，忽视旅游区的整体协调及其所蕴含的内涵，盲目开发，只会造成景点的不伦不类，进而丧失其旅游价值，使游客的兴致减退。

城市建设破坏旅游气氛，主要表现在新建建筑与旅游城市的整体建筑不协调，从而使旅游城市失去本来面目。例如，北京天坛南面建起了成片高层楼群，使游客对祭天的圜丘失去“九天之上”的感觉。西安小雁塔旁建起了13层现代化旅馆，使著名的唐代古塔变成锁在抽屉中的文物。苏州沧浪亭围墙外建起了两座高大的现代建筑，使园林显得局限而狭小。

3. 旅游活动对旅游区环境的影响

旅游活动对旅游区环境的影响主要在于旅游过程产生的垃圾对景点环境的污染以及旅游活动本身对景点自然生态平衡及旅游环境的影响。由于旅游区本身设施的不完善和游客素养不高，随着旅游活动规模的扩大，景点垃圾遗弃量日益增加。旅游区内大量垃圾随意抛撒堆积，破坏了自然景观，污染了景点水体，使旅游区水体富营养化。我国许多旅游区水体都遭到了不同程度的污染，其中相当一部分旅游水体的透明度、色度、嗅味等指标均超过国家规定的旅游水体标准，漂浮物、悬浮物、油迹污染物已经影响游客感官，使其旅游兴致降低。

超过景点承载量的游客接待破坏了旅游区自然生态系统平衡。构成自然景观的生态系统对旅游活动本身存在一定的承载能力，这种承载能力由生态系统的结构确定，超过其承载能力的旅游活动将使旅游区生态系统结构发生变化，导致旅游区旅游功能丧失。主要表现在大量游客将旅游区土地踏实，使土壤板结、树木死亡；大量游客在山地攀爬蹬踏，破坏了自然条件下长期形成的稳定落叶层和腐殖层，造成水土流失，树木根系裸露，山草倒伏，从而对旅游区生态系统带来危害……

不当的旅游活动本身所带来的问题是严重的，忽视这种影响，只注重短期效益，盲目扩大规模，无限制地接待游客，将对旅游业的可持续发展带来严重损害。

第二节 旅游经济发展方式转变的多重约束

一、思想约束

从人类社会的发展历史来看，社会和经济的每一次跨越式发展总是发生在思想大解放或观念彻底革新的背景之下。随着人们对自然规律的深入了解和对社会发展问题的不断反思，其发展方式也在不断地得以矫正。在进入21世纪后，我国的旅游经济迎来了“大众旅游时代”，旅游资源开发和旅游消费远远超过了历史上的任何一个时期，旅游经济发展中出现了许多新的问题。从生态经济学的视角来看，如何实现旅游活动中的人与自然和谐成为最重要的战略问题。要实现旅游经济发展方式由生态外生型向生态内生型的转变，首先就是要正确认识学术理论和思想观念中的羁绊。

（一）理论弊端

1. 经济至上思想盛行

传统西方经济学是一门研究人类经济行为和经济现象及人们如何进行权衡取舍的学问。工业文明和市场经济改变了人们的价值观念。传统西方经济学的理论体系都是建立在“物本主义”的基础之上，传统经济学说是经济至上的价值理念的理论之源。它强调片面追求物质社会中的财富堆积与分配，盲目地迷恋于追求经济的增长指数，完全不顾地球承载人类生命能力的有限性，掠夺性地与自然资源进行物质交换，忽视了资源的可持续利用问题，尤其是一些自然资源的生态价值。从这一点来看，西方经济学从一开始就没有充分考虑到地球资源的保护，而只是考虑了资源的开发利用问题。在“经济至上”理论诱导下相继爆发了一系列的生态危机、经济危机、文化危机和社会危机。

2. 经济至上思想溯源

古典经济学确立了经济学的基本理论体系，新古典经济学通过三次革命形成了微观经济学和宏观经济学的基本理论框架，现代经济学则分为现代马克思主义经济学和现代资产阶级经济学两大学派。

西方经济学的形成与发展促进了资本主义国家的物质繁荣。马克思曾经说过，资本主义在一二百年时间内创造的财富比人类历史上的财富总和还要多。但从长远来看，他们也将为一时的繁荣付出沉重的社会和生态的代价，困扰现代西方资本主义社会发展的不是经济矛盾，而是文化矛盾，是经济与文化之间的矛盾。

传统经济学是伴随着资本主义产生发展而逐渐形成发展起来的，建立在私有制的基础之上，它主要是为资产阶级利益服务的经济理论体系。把经济当作唯一的、至高无上的价值取向对人与社会的发展产生了深刻的影响。

总的来看，传统西方经济学只适应资本主义国家和资本主义经济发展的需要，只代表占人口少数的资产阶级的利益，从诞生开始就被打上了“经济至上”的思想烙印。

自改革开放以来，在谋求中华民族崛起和全球经济一体化的时代背景下，我国理论界受传统经济学思想的影响较为深远，如今它的宏观调控和市场机制在加强和改善我国经济管理中也发挥着重要作用。有人认为中国当前的问题就是经济问题，更有人将金钱利益作为衡量人生价值和社会贡献的标准，一切以经济利益为主的评价机制和发展导向在我国占据了主流，这种思想已在我国普遍存在，并将长期作用于我国的社会经济发展。

（二）观念误区

1. 旅游产业是“无烟工业”

旅游产业被比喻为“无烟工业”，主要是基于对旅游核心产品两大特性的认识。

其一，旅游产品的体验性。旅游核心产品是一种有别于工业产品的特殊消费品，旅游者购买的是在旅游过程中集旅游体验和服务于一体的组合产品。无论是游览自然风光、欣赏名山大川，还是探寻古代历史足迹、体验多元地域文化，旅游产品的无形性使得游客在旅游消费结束后并没有将其带走占为己有。

其二，旅游产品的共享性。旅游自然和人文景观在其承受范围内可以让人们多次反复地共同使用，旅游吸引物不会因为游客的一次消费而消亡，旅游消费过程中并没有损耗其价值。

正是由于旅游核心产品的这两大特殊属性，部分学者认为旅游活动消耗的仅仅是一种无形资源，不会产生“废气、废水、废渣”及其类似的污染，把旅游产业形象地比喻为“无烟工业”、把旅游经济比喻为“绿色经济”很容易被认同和接受。

事实上，以上观点是人们对早期旅游消费的朴素认识，人类最初的旅游活动是少数人的活动，参观游览的景观以自然界中的原始风貌为主，小规模的游客对环境造成的微乎其微影响可以通过大自然的自净能力将其消化。从本质上看旅游业的发展同其他产业一样，必须考虑环境资源的使用和耗费。现代旅游业已进入“大众旅游时代”，旅游成为大多数人必不可少的一种生活方式，国内旅游和入境旅游的人数呈逐年增长态势，游客数量的显著增加势必对自然环境造成严重的威胁和破坏。

2. 旅游资源可以永续利用

从专业的角度来讲，旅游资源是指自然界和人类社会中凡能对旅游者产生吸引力，可以为旅游业开发利用，并可产生经济效益、社会效益和环境效益的各种事物和因素。它具有游览观赏性、地域分异性、景观组合性、消费季节性、不可再生性和使用永续性等特征。旅游资源使用上的永续性是指它只供观赏不能带走，可以长期供游客使用。随着社会进步和人们生活水平的提高，人的需求正由以追求物质享受为主逐渐转变为以追求精神享受为主，这一必然的发展趋势使得旅游业具有广阔的发展空间。因而，旅游业又被称为“朝阳产业”，一些自然景观和历史遗迹等静态观赏性的旅游景区一旦投资建成，就可以供游客进行无数次的消费，也就可以获得长期丰厚的经济利益回报。

旅游资源“取之不完、用之不竭”的观点是带有片面性的，旅游资源的重复使用并不代表它是永远不能穷尽的，可以被长期地自然地永续利用。旅游资源的永续利用必须建立在科学开发、有效保护的基础之上，如果不加以保护，盲目开发，肆意践踏，同样会造成资源的退化或破坏。

一些自然景观、历史文化遗迹具有不可再生性，一旦遭到破坏，就永远失去本来的面目。在生态环境“部分改善、整体恶化”的大背景下，许多旅游风景区和自然保护区也出现不同程度的问题：水体污染、水土流失加重，植被覆盖率下降，野生动植物的有效保护区域范围缩小等。面对规模庞大的旅游客流，脆弱的生态环境面临着难以承受的巨大压力。

3. “先污染、后治理”

发展旅游与保护资源环境二者之间是否相互矛盾？在经济发展与环境保护问题上，国际社会也一直存在不同的观点。一种是极端的“经济中心论”，一种是极端的“生态中心论”。这两种观点截然相反，前者为了获取短期经济利益而不惜一切代价，将经济增长作为社会发展中的唯一中心来考虑，忽视由此带来的环境问题，甚至认为环境问题的最终解决依赖于经济的发展水平，选择“先污染、后治理”的发展路径，因此持这种观点的人认为：为了旅游产业的短期效益，可以不惜破坏环境和浪费资源，对旅游景区进行掠夺式的开发。后者为了绝对保护生态环境而完全否定旅游开发。

发展旅游与保护环境是一个矛盾的统一体，我们应辩证地看待二者之间的关系。毋庸置疑，任何产业的发展都会给资源与环境带来一定的影响，一方面，旅游产业的发展会带来社会环境、生态环境、文化环境等方面的负面影响；另一方面，旅游景区建设可以促进资源的保护，旅游景区经营可以为其环境治理提供资金保障，拉动区域经济的增长。因此，旅游与环境之间是一种天然的耦合关系，良好的生态环境是发展旅游的前提和基础，旅游经济的发展有利于促进生态环境的改善。

上述两种观点在实践中都是不可取的，可持续发展理论讲究“公平性原则”，即代内公平、代际公平和公平分配有限的资源。正确处理二者之间的原则是“在保护中开发，以保护为前提，适度开发，合理利用”，只有这样才能实现旅游经济的可持续发展。可持续发展模式是未来旅游经济发展的必由之路。旅游经济可持续发展不是不要发展。它以提高生活质量为目标，同社会进步相适应，其最终目的是推动和指导发展的实现：它要求人们必须坚决放弃和改变传统的发展模式，即要减少和消除不能使发展持续下去的生产和消费方式；以自然资源为基础，同环境承载能力相协调，也即资源环境保护与旅游产业增长的协同发展。

二、制度约束

（一）旅游生态要素的产权制度需要革新

1. 旅游生态要素的产权制度

经济学领域中的“产权”并不是我们法律意义上的“所有权”，也不是指对财产进行占有、支配、使用、处置和收益分配的权利，而是人们对物的使用过程所引起人与人之间的相互关系，并强调产权是一组行为性权利，具有排他性、有限性、可分解性和可交易性等。产权制度（Property system）是制度化的产权关系或对产权关系的制度安排，是划分、确定、保护和行使产权的一系列规则，其最主要功能是降低交易费用、提高资源配置效率。

2. 旅游生态要素产权制度问题突出

（1）旅游生态要素产权主体虚位。旅游生态要素的产权制度是指旅游活动中所涉及的生态要素的产权关系和产权规则，主要包括所有权、委托代理权、风景观赏权、经营权、管理权、收益权等，集中体现在旅游景区和生态旅游资源的产权制度上。市场经济条件下，旅游景区管理制度和运行机制的创新问题已成为旅游行业广泛关注的话题。

中国社会转型期间存在着两种经济体制的混合和过渡，行政事业单位管理体制下的传统景区管理模式阻碍了资源开发和环境保护工作，主要表现在国有资产的产权主体虚位、产权关系混乱、产权管理制度不健全等方面，没有实现国有资产的有效利用和保值增值，旅游生态环境的破坏无人监管，旅游生态环境的保护与修复也无主体承担责任。

（2）旅游生态要素产权制度不完善。我国旅游资源的相关法律制度存在缺陷，没有明确对公共资源（自然文化遗产资源）的管理，制约了旅游产业的经济增长与发展。

3. 旅游生态要素产权制度改革路径

（1）旅游生态要素产权制度改革的重点应该放在市场化条件下的行政体制改革，即实现旅游生态要素所有权与经营权、管理权与经营权、监督权与管理权的分立。旅游景区市场化与企业化经营模式创新与管理体制改革，目前主要有两种做法。

一种是取消地方政府对公共资源类景区的直接管理，使旅游景区变成一个小级别的行政单位，把资源保护的职能内生化，将旅游景区的所有权、管理权、经营权、收益权“一体化”，如专门设立的黄山市、武夷山市；另一种是政府对旅游管理体制进行改革，将旅游景区作为其下属的经营单位实施企业化管理，实施政企分开，在明晰产权关系的基础上交付企业进行非完全产权关系下的企业化经营，政府主要承担法制管理、规划管理及技术管理方面的职责，如旅游景区管委会，部分民俗文化景区还可以采取“政府 + 公司 + 旅行社 + 农户”的自主开发模式。

（2）旅游资源资本化是解决旅游可持续发展的根本途径。旅游资源应像其他社会资源一样走市场化道路，依靠市场机制的作用实现其最佳配置，政府不可能成为旅游业可持续发展能力的全部“供给者”。尽管受到我国自然资源体系、法规及制度的约束，旅游资源很难从环境中剥离出来，但是部分地区已经做出有益的尝试。

（3）建立公平的旅游生态要素利益分配机制。旅游生态要素产权制度改革也是资源与利益再分配的博弈过程。

①按照旅游资源分级管理的原则，分别由国务院、省级、市（县）级旅游行政管理部门进行经济管制和质量管制。

②将旅游景区门票、特许经营收入、旅游发展基金等收入上缴国家财政，由国家和地方政府财政设立旅游发展专项资金，用于旅游资源的开发与保护。

③允许社区居民通过门票收入分成、环境保护费分成、外来项目管理费分成、参股控制经营收入分成、就业劳动收入获得等多种方式直接参与利益分享。

（二）旅游资源的生态补偿机制尚未建立

1. 旅游资源生态补偿机制的内容

旅游资源生态补偿机制主要包括 3 个方面的内容，即经济补偿机制、生态补偿机制和政策补偿机制。其中，旅游资源经济补偿机制主要是指通过旅游资源税和旅游发展基金设立旅游生态环境保护专项基金，遵循“谁开发谁保护，谁破坏谁恢复，谁利用谁补偿”原则，有计划集中使用专项资金用于环境保护工程；旅游资源生态补偿机制主要是通过人工绿化改善旅游资源周边的生态环境，弥补旅游开发对自然生态环境造成的“创伤”；旅游资源政策补偿机制主要是各级政府通过规划引导、项目支持等方式，为生态脆弱、经济欠发达地区的旅游环境保护实施政策倾斜和差别待遇。

2. 实施旅游资源生态补偿机制的意义

（1）改变无偿使用生态资源的习惯。生态补偿机制可以改变企业无偿使用生态资源的习惯，经营者的开发程度和破坏程度与其为此付出的生态补偿成正比，这就能够让开发者优先考虑生态环境的保护与损耗。为减少生态成本，企业必须采取措施减少环境资源的破坏、污染和占用。

（2）有利于筹措生态环境保护资金。旅游生态补偿的关键问题在于资金，生态环境修复、居民生产生活方式的改善以及人员素质的提高都需要大量的资金。建立旅游生态补偿的长效机制可以为旅游地生态环境保护提供稳定的资金来源，多种渠道筹集所需的资金，统筹道路交通建设、农林专项发展基金、水域环境综合治理、地质灾害治理、文物保护与非物质遗产抢救、旅游基础设施建设等各种项目资金。

（3）有利于平衡旅游社区居民利益。社区居民参与旅游开发与生态保护的程度与其获得的利益有很大的关系，也就是说，在旅游开发中对当地社区进行生态补偿越大，社区参与旅游活动和生态环境保护的行为就越积极，同时生态补偿机制也能促使居民发挥监督经营者开发建设的作用。

3. 旅游生态补偿的理性回归

从全国的旅游开发实践来看，政府相关部门尚未制定专门的旅游生态补偿制度，关于旅游生态补偿的实施办法和补偿标准尚不明确。但是，对森林资源的生态补偿问题已经作出了全国性的统一安排（如生态公益林补偿等），这种生态补偿在一定程度上弥补了山地旅游资源开发造成的损失。而像温泉、文化等旅游资源的开发则处于空白。

目前，开展生态补偿的资金主要有以下来源。

（1）财政转移支付，用于政策补贴、农业支出、林业支出、水利和气象支出等。

（2）环境整治、保护与生态建设专项资金。

（3）征收资源使用费（矿产资源有偿采用和复垦制度、水资源有偿使用制度、环境容量排污收费制度等）。

第八章　旅游经济发展方式转变的路径

第一节　旅游经济发展方式转变的技术路径

一、旅游经济发展的生态环境承载力控制

（一）旅游环境承载力构成模型

从旅游者的角度来分析，旅游环境承载力（Tourism Environment Carrying Capacity，TECC）代表着在旅游者感知质量保持恒定时所能承受的旅游者最大值。一直以来，人们都把生态环境承载力作为确定合理游客人数，限制对旅游景区过度利用的重要手段。

（二）旅游环境承载力指数测算

崔凤军把旅游承载力指数（Tourism Bearing Capacity Index，TBCI）界定为：在不对旅游地社会、经济、自然环境、公共设施产生不利影响的前提下，某一旅游区所能承纳的旅游活动强度的无量纲表示值。其包括游客密度指数（Visitor Density Index，VDI）、旅游经济收益指数（Economic Income Index，EII）和土地利用强度指数（Land-use Intensity Index，LII）三个基本分项指数。

游客密度指数：不同的旅游地有不同的价值，即不同的游客密度对旅游地的影响（正面的和负面的）程度和范围是不同的。

旅游经济收益指数：旅游经济承载量为当旅游地居民和政府的旅游经济收益（等于收入减去漏损）达到某一临界值时所能容纳的游客数量。

土地利用强度指数：旅游区内的旅游用地面积越大，旅游活动规模空间越大，居民用地越小。

（三）旅游环境承载负荷度

综合供给与需求两方面，旅游环境承载力(TECC)重在描述供给，实际游客量(Actual Visitor Quantity，AVQ)重在描述需求，为体现两者之间的平衡，可引入衡量旅游环境容量评价的绝对指标——旅游环境承载负荷度（Tourism Environment Carrying Rate，TECR）。

旅游环境承载负荷度（TECR）是描述承载力的利用状况或承载力与承载量是否平衡的重要指标，可表示为：

$$TECR=AVQ/TECC$$

旅游环境可持续承载动态模型包括旅游环境可持续承载的状态模型和发展模型，其中，状态模型用于评价旅游可持续发展的基础指标，反映当前的状态水平；发展模型反映旅游景区环境承载力的变化趋势。要维持旅游生态环境供给与需求的平衡，在短期内主要通过调节实际游客量（AVQ）来达到目的，在长期则可以通过对旅游环境承载力（TECC）的控制来实现旅游地的可持续承载。

1. 旅游环境可持续承载的状态模型

旅游环境可持续承载的状态模型是评价旅游环境可持续发展的基础，状态指标的高低只能反映TECC目前的状态水平。旅游者的增长会受到旅游环境的阻力，根据旅游地的生命周期原理，旅游地开发初期，旅游者增长速度缓慢，接着增长速度加快，旅游地进入成熟期后，旅游者的增长速度逐渐减慢，当旅游者规模增大时，每个旅游者所占的个人空间相对减少，必然导致旅游审美感知的相对下降；同时对旅游环境系统造成损害，长此以往将导致旅游环境系统退化或衰亡。

2. 旅游环境可持续承载的发展模型

旅游环境可持续承载的发展模型能够直观地显示长期内旅游环境是否可持续承载，能够反映TECC的发展变化及其态势。由于长期内TECC是变化的，通过监测各阶段TECR的相应变化，可以推断长期利益环境系统是否处于可持续承载状态。

二、旅游经济发展的生态足迹影响评估

旅游活动的开展必然导致区域旅游资源、旅游设施与旅游服务的占用、耗费与消费，进而对区域生态系统和区域旅游的可持续发展产生影响，对于旅游业这样一个在很大程度上依赖资源和环境的行业来说，能否实现可持续发展是关系到旅游业生存与发展的关键性问题。其中，旅游生态足迹是一重要工具和方法，能够应对性地采取各种措施使旅游业的发展不偏离可持续发展的轨道。

旅游生态足迹是生态足迹在旅游研究中的应用，是指在一定时空范围内，与旅游活动有关的各种资源消耗和废弃物吸收所必需的生物生产土地面积，即把旅游过程中旅游者消耗的各种资源和废弃物吸收用被人容易感知的面积观念进行表述，这种面积是全球统一的、没有区域特性的，具有直接的可比较性。

不可否认，旅游生态足迹分析法是一个正日益引起重视并将逐步完善的方法，已被应用到旅游可持续开发、旅游环境承载力评价、旅游地潜力评价等多个领域。而且，通过旅游生态足迹本身的适用性以及其理论和实践成果的示范带动效应，旅游生态足迹将在以下方面得到广泛运用，如旅游产业生态足迹、单个行业生态足迹、旅游产品生态足迹、目的地旅游生态足迹、瞬时旅游生态足迹、旅游企业生态足迹等。

（一）旅游生态足迹的计算方法

旅游生态足迹是将生态足迹的理论运用到旅游业中的一种旨在测量一定区域内旅游活动对各种资源生态消费的需求（旅游生态足迹）与自然所能提供的旅游生态供给（旅游生态承载力）之间的差距的方法，它的计算方法是在生态足迹的计算模型上，结合旅游业自身的特点所提出的。目前我国旅游界的专家学者借用生态足迹较为成熟的方法，已经建立了旅游生态足迹的计算方法。

现有文献中对旅游生态足迹的计算主要运用了 3 种方法：①以章锦河和张捷为代表的，依据旅游消费的构成，提出了旅游交通、旅游住宿、旅游餐饮、旅游购物、旅游娱乐以及游览观光生态足迹等 6 个子计算模型，旅游生态足迹即为该 6 个子模型计算结果的总和；②以王辉、林建国为代表的，用旅游业对国民经济的贡献率来表示旅游生态足迹在整个地区国民生产总值所需要的生产性土地面积的比重，从而计算出旅游业所需要的生产性土地面积的数量即旅游生态足迹；③以曹新向为代表的，借用生态足迹的成熟方法，通过均衡因子把各类生物生产性土地面积转换成等价生产力的土地面积，最后将其汇总、加和计算出人均生态足迹面积。

（二）旅游生态足迹的功能与影响

旅游生态足迹能够准确地对旅游发展的状态做出定量分析和评价，为我们正确地把握旅游发展方向提供科学的依据，它具有测度旅游业、评价旅游产品、测度旅游目的地、评价旅游企业、教育旅游者、评价大众旅游、衡量旅游目的地消耗、衡量旅游业生态效益等功能。根据不同的情况和旅游活动的特点，旅游生态足迹对以下方面产生影响。

1. 为旅游地生态规划与管理提供定量依据

旅游生态足迹将旅游者的资源和能源消费及废物排放转换为生物生产性土地面积，并同旅游目的地的生态足迹需求比较和叠加，可为旅游地决策与管理部门的规划与管理提供定量依据。章锦河等以九寨沟自然保护区、漳扎镇为例，测度旅游产业发展对九寨沟自然资源生态环境的影响及其程度，探索基于生态足迹方法对当地居民进行生态补偿的机制与标准，为其他自然保护区的生态开发与管理提供借鉴。王辉等运用生态足迹模型对中国各地方的旅游生态足迹和生态环境承载力进行了计算分析，杨桂华等认为旅游生态足迹可评测不同类型旅游企业的生态需求，程春旺等通过生态足迹与生态容量的计算来定量描述旅游者活动对旅游地生态环境的影响及旅游地生态环境状况，从而为旅游地的生态规划与管理决策提供科学的参考依据。

2. 为旅游经济的可持续发展提供定量依据

旅游生态足迹是一种定量评价旅游业可持续发展的新方法，根据研究的范围不同，旅游生态足迹可以在旅游产业、旅游产品、旅游目的地、旅游企业、旅游者及大众旅游等方面发挥其测度可持续性的功能。符国基、窦蕾、蒋依依、杜旭东等通过旅游生态足迹理论与方法的实证研究，指明了旅游的生态影响及其主要因素和旅游产业结构的效益，有助于明确旅游产业结构调整和优化的方向，为旅游业可持续发展提供定量参考依据。

3. 测度旅游业整体发展水平及其经济效益

旅游生态足迹模型通过引入生物生产性土地面积的指标，为旅游产业结构的效益分析，旅游活动对目的地的资源和能源消耗的影响、旅游产业与其他产业的比较等提供了一种简单框架，生态产业赤字、盈余等定量化地反映地区旅游产业的发展现状，如通过盈余情况可判断旅游业内部流程需调整的部分和成长维度的状况。符国基对海南省外来旅游者生态足迹进行测评研究表明，海南生态足迹单位产值是其本地单位生态足迹差值的 1.56 倍，认为海南旅游业比当地各行业平均水平有较高的经济效益。

第二节　旅游经济发展方式转变的市场路径

一、旅游市场供给的生态化

（一）旅游企业管理理念的生态化

1. 社会生态经济人的理性回归

对科技作用的盲目夸大，对经济利益的无尽追逐，逐渐暴露了传统管理理论存在的问题。人与自然之间的紧张对立关系，人与人之间的冷漠怀疑关系，人与自身之间的背离关系，使生态危机、人态危机、心态危机不断显现且渐趋恶化，虽然在物态方面获得了极大的繁荣和增长，却始终无法掩盖隐藏在此背后的人与自然、生态和自身关系失衡的苍白。因此，当人类迈入以知识经济和生态经济为特征的新经济时代，人类开始对以往处理人与自然、人与人、人与自身关系的发展观念、经济理论和管理实践进行反思，寻找造成生态危机、人态危机和心态危机的根源，谋求重构生态文明时代新的管理理论，绿色管理理论应运而生。

对科技作用的过度崇拜已经使人类陷入了人与自然紧张对立关系的深渊，人类要摆脱生态危机，首先要寻求人与自然之间的和谐关系，而这一点几乎是以往所有管理理论都没有涉及的。人的物质需要和社会需要，在以往那些管理理论中都已经有所体现，可是作为人最基本的生态需要一直都被忽略，而生态需要是人类所有其他需要的基础，没有生态需要的满足，就谈不上物质财富和精神财富的创造。所以，绿色管理理论的基础是重新认识人与自然之间的关系，实现人与自然的和谐发展。人首先应该是作为“生态人”而存在，人既不是自然的中心，也不是自然的主宰，人的需要和利益的满足必须建立在充分尊重自然规律的基础上，不以损害自然生态为前提，尽量维持自然资源和生态环境的非减性。人与自然的和谐，是实现人与人、人与自身协调关系的基础条件。

人与自然的和谐不可能孤立实现，人类除了要正确认识和处理与自然的关系，还需思考以何种方式来处理人与人的关系以及人与自身的关系。人与人的关系实际上是一种社会生态，而人与自身的关系实际上是一种心理生态。

社会生态和心理生态的和谐状态，是由自然生态的和谐发展推动的，人对自然的重新认识，对处理与自然关系的态度变化，标志着人类世界观、价值观和文化精神的深刻变革，意味着人类文明的新进步，也为促进人态和谐和心态和谐提供了动力，人态和谐和心态和谐，反过来又为持久的生态和谐创造了社会人文条件和心理基础。所以，绿色管理所定义的人，不仅是追逐利益的经济人，不仅是寻求归属的社会人，不仅是回归自然的生态人，而是三者综合一体的生态社会经济人，追求生态、人态、心态和物态的全面和谐，共同发展。

2. 管理理念的绿色革命

为了适应快速增长的生态旅游消费需求，在旅游活动中，在旅游经济的各个环节上，旅游经济的利益主体尤其是从事旅游经营的企业，应该重视对能源、产品和环境的管理，尽量降低污染，减少和处理好废弃物、有害物，节约资源，进行绿色设计、清洁生产，开展绿色营销，实现经济效益、社会效益和生态效益的统一。

旅游企业应该强调对自然生态和资源环境的保护，并引导游客的消费活动，实现生态和谐；旅游企业应该重视企业内部和企业外部各种人际关系的处理，注重员工的全面发展，营造绿色企业文化和氛围，实现人态和谐和心态和谐；旅游企业还要充分实现自然生态以及旅游资源的价值，发挥其观赏体验和教育等功能，以满足日益扩大的旅游市场需求，获得经济效益，实现物态和谐，为生态和谐、人态和谐和心态和谐提供现实的物质基础。

旅游企业的绿色管理还要承担一定的社会责任，这种社会责任主要体现在以下方面，即提供一定数量的就业机会，促进特色文化的保护，使社区居民从中受益，自觉维护生态环境和保护旅游资源；塑造绿色旅游企业形象，引导健康持续的旅游消费方式，使企业管理的职能不仅在物质层面上得到体现，也在精神层面上得到体现；不仅促进物质财富的增长，也促进精神财富的增长，使人类与外在自然和内在自然都能取得协调关系。

旅游经济涉及众多的利益主体，它们都有各自要求实现的目标，作为利益主体之一的旅游企业，在追求自身目标实现的时候，也要综合考虑旅游经济发展的整体性，将自身的发展置于旅游经济可持续发展的大前提下，积极处理和其他利益主体之间的利害关系，衡量生态、物态、人态和心态的价值取向，获得与其他利益主体目标的共生发展。

（二）旅游企业管理方法的生态化

1. 强化旅游生态经济关系

（1）处理与自然的关系。旅游企业与自然的关系十分密切，良好的生态环境和多样性的自然资源对消费者有着强烈的吸引力，旅游企业是连接消费者和旅游资源的媒介，旅游资源不仅是旅游企业利用的对象，更是要大力加以保护的资源，旅游企业和旅游资源之间的关系并非利用与被利用的关系，还存在维护、投入、改善的关系。否则，旅游企业将会失去持久的竞争优势和持续发展的基础。在将旅游资源加工成旅游产品并向市场出售的过程中，必须坚持保护的原则，将对生态环境和自然资源的破坏降低到最小。

（2）处理与物质的关系。企业本来就是逐利的经济主体，对利益的追逐是企业管理的主要任务之一，也是企业为了长期的生存和发展获得资金支持的主要来源，而且企业想要投入资金保护生态环境，也需要从经济利益的收入和利润中获取。所以，企业应该努力提高对生态旅游资源的利用效率，减少使用成本，增加收益。但是，旅游企业经济系统的运转毕竟建立在生态系统的基础之上，因此在衡量企业的成本和收益的时候，应该将生态成本和环境代价考虑在内，这样才能真实反映企业的盈利情况。否则，如果企业的盈利无法弥补由此而带来的对生态环境和自然资源的损耗，那么，旅游企业仍然无法实现可持续发展的目标。所以，企业对经济利润的追求应该是适度的，而不是毫无止境的，不能脱离生态系统和环境的容量和承载力，单一追求经济指标的增长。

（3）处理与社会的关系。企业生存在一定的社会环境中，其他成员发生着各种各样的社会关系，理应承担相应的社会责任，促进社会文明的进步，反过来，社会的发展又会为企业的长远发展创造良好的条件。如果企业能够建立和谐的社会关系网络，就会拥有给企业带来无形利益的社会资本，提高企业的管理效率。企业的社会资本，既来源于自身先天的历史积累，也得益于后天的自我创造和再生。企业的社会关系，既存在企业与外部的交流中，也存在企业与内部的沟通中。企业可以通过外部广泛的网络联系换取社会资源，通过内部和谐的关系使社会资源得以转化成资本。旅游业本来就是综合性很强的产业，旅游企业也和社会的其他个体发生着广泛的交换和联系，这就要求其处理好社会关系，争取、积累社会资本。

（4）处理与人的关系。企业主要处理自身与员工、游客、竞争者的关系。

企业与员工。员工是宝贵的人力资本，是使其他资源的价值得以充分体现的主观能动因素，生态旅游企业对人的管理不仅在于激发其潜能，还要关心人的全面发展，包括生理和心态、经济利益与人格塑造。人力资本的效率与人的发展状态和水平密切相关，只有在对人力资本的激发和培养中才能真正实现人的价值，实现人的持续发展，从而促进企业的持续发展。

企业与游客。游客是旅游企业的服务对象，也是企业获得利润的主要人文基础。企业要通过满足游客的需求来实现自身的经济目标，企业对游客需求的满足应该是全方位的，除了满足他们的物质和心理需求，还应该认识到游客也是具有生态需要的个体，其他需求的满足都必须建立在这个自然基础之上。企业的绿色文化不仅体现在对内部员工行为的约束和规范上，还要对游客的行为起到积极的引导作用，并与游客保持持久稳定的关系，使企业能够获得长期的利润和发展。

企业与竞争者。日益激烈的市场竞争促使旅游企业提高服务质量和水平，完善市场秩序。在发展大旅游的前提条件下，旅游企业与竞争者的关系应该有所改变，可以变过去"你死我活"的单赢局面为个体发展的"双赢"。企业之间可以联合起来，通过共同的市场调研、宣传和引导，扩大生态旅游市场的规模，分享某些资源，提高资源的利用效率，节约成本，齐心协力地为生态旅游市场和旅游者服务，最后都能从中分享利益。

2. 制定绿色管理制度

（1）绿色资源管理。旅游企业对自然和生态价值的尊重，只有通过建立绿色的资源管理制度才能得以体现。在企业内部，应该营造生态意识和环境保护的氛围，每个员工都应该充分认识生态环境和资源的脆弱和不易修复，理解企业所承担的生态使命和环境责任，在每道工序和每个环节上节能降耗，以自身的实际行动保护有限的生态旅游资源。企业应该积极采用绿色生产技术、绿色工艺和绿色设计，在向市场提供旅游产品的过程中，降低和减轻生产加工过程对资源的过度使用，减少旅游活动对环境和生态造成的干扰和破坏。

（2）绿色财务管理。为了准确评价企业"生态—经济—社会"复合系统的发展和运行状态，传统的核算和会计制度也应该适当变革，引入新的变量和评估指标，实行绿色的财务管理。其中最主要的就是实施绿色会计和绿色审计制度，将自然资源和生态环境成本纳入企业的核算体系，以便真实地反映企业的盈利状况和对生态环境的保护程度。

绿色会计是以货币为主要计量尺度，以有关环保法规为依据研究旅游企业发展与环境保护的关系，计量、记录旅游企业污染、环境防治、开发利用的成本、费用，以评估企业环境绩效及环境活动对企业财务成本的影响。绿色审计是审计机构和审计人员依法对旅游企业的环境管理及其有关经济活动的真实性、合法性和效益性等情况进行审查，以评价旅游企业环境管理责任，促进旅游企业加强环境管理，实现可持续发展战略的具有独立性的系统监督活动。

（3）绿色人力管理。企业管理不是冷冰冰的技术管理和人机关系的体现，"人"也不是作为毫无感情的“经济人”而存在，企业管理从传统管理向绿色管理的转化，除了要依靠企业与自然、企业与社会的和谐关系，还要建立人与人的和谐关系。旅游企业应当将员工看作具有不同动机和复杂需要的有机个体，努力创造良好的人际关系和入境关系，使员工的潜能和积极性能得到最大程度的激发。此外，企业还应关心员工的身心健康，通过企业与自然、企业与社会的和谐来塑造员工的和谐人格，使他们能将工作看作使命而不是任务，将企业的命运与自身的发展紧密相连，并将良好的心态和优质的服务传递给游客和外部公众，实现人与人之间的和谐。

（三）旅游企业生产方式的低碳化

发展低碳经济已经成为全球共识，向低碳经济转型已经成为世界经济发展的大趋势。著名学者林辉将其称为“第五次全球产业浪潮”，低碳经济几乎涵盖了所有的产业领域，包括了旅游产业，通过低碳经济模式与低碳生活方式，实现可持续发展。旅游企业应该是发展低碳旅游的重要实践者，他们主要是通过低碳旅游企业行为来实现低碳经济下的旅游生产方式的变革，达到“发展低碳旅游，培育低碳生活”的目标。低碳旅游企业行为主要包括以下几个。

1. 旅游景区及交通的低碳旅游企业行为

旅游景区应做到在保证山清水秀的同时不过度开发和建设，并在景区设计中注重新型环保材料的使用，在景区活动的设计中也要考虑环保因素。旅游交通中倡导公共交通和混合动力汽车、电动车、自行车等低碳或无碳方式。如果必须乘坐飞机，应当尽量选择采用新型燃料、节能的机型。另外，飞机在起飞、降落时能源消耗和有毒物质的排放非常大，因此最好选择直达航班，避免不必要转机造成的资源浪费和环境破坏。乘坐火车是比较环保的方式。对于一些超短途或者旅途中间的某一个部分线路，可以适当地选择徒步、骑自行车，这是最环保的出游方式。实际上，为了保护景区环境，多年前在九寨沟等旅游景区，就禁止机动车进入，改以电动车代替，来减少二氧化碳排放量。

2. 旅游酒店的低碳旅游企业行为

旅游业发展中，旅游酒店是碳排放的大户。应将强调酒店的奢华之风转化为强调酒店的方便、舒适。要继续实施绿色饭店行业标准。旅游住宿除了要提供安全的房间和健康的食品，还要以节约能源、与环境友好的方式经营。

3. 旅行社的低碳旅游企业行为

各旅行机构要多推出一些有关环保低碳的旅游产品和旅游线路。游客应注意旅行社的声誉及在低碳旅游方面的关注程度，优先考虑环保标准和口碑。旅行机构不要只单纯重视经济利润，而要注意保护旅游目的地乃至支持整个旅游业的健康和可持续发展，支持并参与低碳旅游计划，引导游客热爱、保护旅游目的地的自然和人文环境，以资源节约型、环境友好型的旅游景区景点为重点设计低碳旅游项目和线路。

综上所述，绿色资源管理促进企业与自然关系的协调发展，并使企业得以分享由于生态和谐而带来的经济利益回报；绿色财务管理使企业能够清楚认识生态和资源的价值所在，促进对资源的合理使用及对自然环境的保护；绿色人力管理使人的经济作用得以发挥，能够主动追求与自然的和谐关系，自觉调整心理状态，共同努力创造和谐的社会大环境，提升企业的社会资本，而企业又可从日益增加的社会资本及日益和谐的“人地”关系中获益。

二、旅游市场消费的绿色化

随着我国经济社会的发展和国民生活水平的提高，旅游消费在居民消费支出与社会消费总额中的占比不断扩大。旅游消费已经成为一个极为重要的消费领域和推动消费升级的主渠道，对整个国民经济与社会生活日益产生着深远影响。

旅游消费有不同于普通消费的独特功能，是一种可持续消费。旅游消费作为一种以精神享受为主的消费，是一种环境友好型、资源节约型的生态化消费，具有多次消费、重复消费、绿色消费等多重特性，因而是一种不受资源与环境太大制约的可持续性消费，具有长期增长的现实可能。我国旅游经济可持续发展的实现最终将依赖于社会生产对旅游资源消费方式的转变和旅游消费者生活方式的改变。

（一）旅游消费需求的生态化

人类社会越文明进步，人类各种需求满足的程度就越高。生态需求是现代人类的最基本的需求，它是随着现代社会文明进步而变化的自然需求，其本质上是一种社会需求，是对现代人类创造的物质文明、精神文明和生态系统完善的优美环境的一种渴求。人类社会的文明进步是与人类的生态需求密不可分的。生态需求是在人类需求发展的高级阶段出现的。它反映人的生理、物质和精神文化需要的统一趋势。

人类的旅游消费需求可以划分为四个层次：第一层次是物质需求，满足基本的衣食温饱问题；第二层次是享受需求，主要是吃住行条件的改善；第三层次是人文需求，对文化等非物质产品的精神需求以及对个人社会地位、集体利益等的社会需求；第四层次是生态需求，对良好的旅游环境质量和健全的旅游生态结构的需求。

人类的旅游消费需求呈现生态化的趋势，由此出现了旅游生态消费。旅游生态消费是对在可持续发展理论与消费生态学思想引导下掀起的一种新兴生态型消费行为的高度概括，它与可持续旅游发展理论都源于国际公认的可持续发展观念。在旅游生态消费过程中，消费者通过与自然、历史、社会文化的“交换”而满足自己生态需要、物质需要和精神需要。

（二）旅游消费行为的生态化

1. 可持续旅游消费模式的建立

可持续旅游消费是目前最为先进、最为科学、最为全面的旅游消费观，在理论渊源上，它主要源于可持续消费理论，在宗旨与功能上，它直接面向并服务于可持续旅游发展的实现。

（1）科学把握可持续旅游消费的内涵和实质。可持续旅游消费是指既能满足当代人旅游消费发展需要而又不对后代人满足其旅游消费发展需要构成危害的旅游消费。它是新型消费观——可持续消费观在旅游消费领域的反映和体现，是在对传统掠夺式、占有式旅游消费观进行反思、对各种积极的旅游消费理念进行整合之后形成的理论成果。它是可持续消费理论与可持续旅游发展理论、旅游业发展实践有机结合的产物。它强调的是，不论是对旅游资源、旅游环境、旅游设施、旅游服务、公共产品的消费，还是对旅游消费观念、旅游消费模式、旅游消费政策的选择，都必须有强烈的生态环境意识和可持续发展思想。应该说，可持续旅游消费是一个全新旅游消费行为模式，它将把整个旅游消费活动置于时空长河，看作一个可持续的发展过程：一是要突破以旅游者个人的效用最大化为目标的传统消费观，将旅游消费置于“自然—社会—经济”的多维空间内，以减少资源使用和不污染环境为前提，提高人们的旅游质量和生活享受；二是要建立起理性地处理资源环境的协调、旅游消费者的物质与精神需求、旅游经济的持续效益以及社会的公平合理等相互之间关系的创新机制。

因为可持续消费旅游是一种通过选择不危害环境，又不损害未来各代人的旅游产品与旅游服务来满足人们生活需求的一种理性消费方式。可持续旅游消费既充分尊重了地球生态系统的极限，又保证了未来各代人和当代人拥有同样的选择机会，是一种科学的旅游消费方式。它不是介于因贫困引起的消费不足和因富裕引起的过度消费之间的折中，而是一种新的、先进的、合理的消费方式，是一种直接服从于全球可持续发展目标的消费形式。

（2）科学制定和实施可持续旅游消费发展战略。可持续旅游消费不仅是一种新型的旅游消费观，更是一种新型的旅游消费行为方式。明确可持续旅游消费的历史任务，以市场需求为导向，以旅游消费者为中心，整合各类消费要素，推出适应于旅游可持续发展的旅游产品和旅游服务，合理刺激和引导旅游消费，有序发展旅游经济，满足国家和人民群众在新时代提升旅游消费环境，实现旅游可持续发展的需要。明确其科学内涵，就为制定科学的可持续旅游消费发展战略及其在旅游产业发展实践中的有效实施奠定了理论基础，而可持续旅游消费发展战略的有效实施，则直接推动着可持续旅游发展的全面实现。

现代的可持续旅游消费，是一种科学的旅游消费方式，它以公众都接受的理念，围绕维护和提高旅游消费群体的旅游环境质量，最终将社会生产对旅游消费方式的转变和旅游消费者生活方式的改变结合起来。这种进化和转变是对传统的"大众旅游消费"的创新，从本质上反映了人类理性的复归。可以预计，随着全球性旅游消费生态化、文化化、社会化的协调发展，旅游消费必将步入"旅游者个体约束条件增多—效用下降、消费者剩余减少—技术与市场创新 — 旅游资源存量与增量增多—约束条件减少—消费总量上升—旅游产业的可持续发展"这一良性循环、可持续发展的轨道。

2. 低碳旅游消费方式的选择

所谓低碳旅游经济，是指以低能耗、低污染、低排放为基础的旅游经济发展模式。低碳旅游经济满足了可持续旅游消费的增长需求，为节能减排、发展循环经济、构建和谐社会提供了操作性诠释，是不可逆转的划时代潮流，是一场涉及旅游生产方式、旅游生活方式和旅游价值观念的革命。

我国旅游发展已经奠定了比较好的低碳发展基础。开发绿色旅游资源，建设绿色旅游产品，开展绿色旅游经营，实行绿色旅游管理，培育绿色旅游消费，已经成为行业和市场的共识。在这个过程中，旅游的优势充分凸显，也会构成我国旅游发展的长期重大机遇。首先，旅游业作为服务产业的重要组成部分，占用资源少，而且很多资源可以永续利用，由此自然形成碳排放少的突出优势。其次，多年的实践证明，旅游发展与环境密切相关，而且会促进环境的改善，这就有助于承担我们的碳责任，减少碳债务。按照碳成本来说，如果旅游一年减排 1 亿吨，就是创造 30 亿美元的财富。因此，低碳经济是人类的未来，低碳旅游是旅游的未来。

发展低碳旅游，培育低碳生活，构筑低碳旅游发展战略主要关注三个重点。一是转变现有旅游发展模式，打破"注重硬开发，忽视软开发，把旅游模式等同于工业开发模式"

的局面。同时积极倡导公共交通和混合动力汽车、电动车、自行车等低碳或无碳方式，增加低碳旅游项目。二是扭转旅游奢华之风，尤其在交通和饭店方面，能耗问题突出，要降低碳排放。同时在旅游产品开发和旅游服务方面，强化旅游设施方便、舒适的功能性，提升文化的品牌性；改变旅游消费中的浪费现象，如食品的浪费。三是加强旅游智能化发展，提高运行效率，同时及时全面引进节能减排技术，降低碳消耗，减少运营成本，最终形成全产业链的循环经济模式。

随着环保意识的增强，每一位旅游者都可以为低碳旅游做贡献。

第三节　旅游经济发展方式转变路径的保障措施

一、旅游经济发展方式转变路径的政策保障

（一）旅游经济发展政策

政府要制定有效的财政货币政策对旅游开发经营进行直接或间接的干预。运用中央和地方财政手段引导和控制旅游建设项目投资资金流向，促进旅游产业结构调整和合理发展；通过国际组织贷款、政府贷款、外商直接投资、项目融资和创建境外旅游产业基金融资等多元融资方式，积极利用外资开发专项旅游产品、保护旅游资源；借鉴国外经验，开辟旅游税和旅游资源税，所得款项专门用于旅游基础设施建设、旅游资源开发与生态环境保护，实现环境效益与经济、社会效益的有机统一。国家财政要将对生态环境和旅游资源的保护纳入财政预算，各级政府对生态环境和旅游资源保护的投入要作为财政支出的重点并逐年增加。在旅游项目规划上，支持发展环境友好型和资源节约型的生态旅游项目，旅游开发单位必须向环境保护主管部门缴纳一定数额的保证金，作为对不破坏以自然环境、生物多样性和传统文化为代表的生态旅游资源的经济约束，如果在规划和开发中出现了破坏生态旅游资源的行为，要接受相应的经济制裁和处罚。

在旅游经营上，充分利用税收和价格杠杆，反映资源环境的真实成本，切实让资源使用者和污染排放者承担相应费用，从而减少资源浪费和环境破坏，建立生态环境补偿制度，加快研究实施环境税，通过以景区门票、饭店客房租金等为税基，开征旅游环境调节税，约束旅游者和旅游厂商的行为，使之共同分担维护景观资源价值的成本，从而使当地社区居民也成为生态旅游业的受益者，促进经济、社会和生态的共同可持续发展。

在旅游核算上，传统的旅游经济核算只注重旅游经济增长的考核和计量，而不考虑旅游活动中所造成的资源环境的损失。其结果往往反映的是一种虚假的增长现象，没有将生态和环境成本考虑在内，虚增了旅游经济利益，夸大了其经济功能和作用，使政府决策者和旅游开发经营者只重视眼前的经济收入，而忽视资源环境的破坏情况，对旅游经济的持续发展不利。因此，应在旅游业广泛推广绿色核算，将旅游经济增长状况和生态旅游资源及环境状况纳入统一的核算体系，尽可能以最少的旅游资源环境成本换取旅游的产值增长。

在旅游收益分配上，正确认识旅游资源保护、培育与旅游经济发展之间的相互关系，制定政策，保证因旅游资源开发取得的收益在资源培育、管理和开发等方面做到公正、科学、合理地分配，促进旅游资源保护、培育与开发的可持续发展。

在旅游消费上，促使传统旅游消费向绿色旅游消费转变。绿色旅游消费能够促进旅游经济的进一步增长，而绿色消费政策的完善和消费法规的落实是提高旅游者绿色旅游消费质量的有力措施。

（二）旅游资源补偿机制

第一，建立旅游资源经济补偿机制。经济补偿机制在旅游资源开发中体现为，社会或旅游开发的受益者必须付出足够的劳动，专门用于旅游资源和生态环境的保护和建设。社会或旅游开发的受益者用于保护和建设旅游资源和生态环境的劳动量的最低标准是，要能制止旅游资源和生态环境的进一步恶化。主要的手段有：征收生态环境补偿税，建立生态环境保护基金，体现“谁开发谁保护，谁破坏谁恢复，谁利用谁补偿”的原则，而后有计划地集中使用这部分资金，落实各项环境建设工程。设立区域生态示范工程，逐步恢复和改善被破坏的生态环境，进而调节经济与环境的发展。收取的资源税设立财政专项账户，专门用于对旅游区资源保护的投资。如果资源环境保护的责任由管理机构承担，这笔资金就拨付给管理机构，如果经营者承担了资源环境保护的责任，这笔资金可以返还给经营者内部补偿。

第二，建立旅游资源生态补偿机制。借鉴美国、英国、德国建立的矿区补偿保证金制度，云南腾冲曾尝试在旅游产业部门推广以下主要的生态补偿措施。一是植被还原。植被补偿的途径有原地补偿和移位补偿两种。原地补偿是指充分利用“创伤面”进行屋顶、墙面、阳台种植，空地绿化、立体种植或交叉利用。而移位补偿是指强化附近地段的植被，通过这种形式实现旅游地环境绿化。二是旅游开发建设就地取材。在材料的选取上，应充分利用旅游地自身资源，减少外界物质的输入，实现物质循环和输入输出平衡，减少交通运输过程中的道路破坏和噪声污染，减少空调的使用，使人工建筑与自然环境形成一个良性循环系统。

第三，建立旅游资源政策补偿机制。政策补偿，是指中央政府对省级政府、省级政府对地方政府的权力和机会补偿。通过规划引导、项目支持等方式，扶持和培育生态脆弱、经济欠发达地区新的旅游环境保护的实施，通过政策倾斜和实施差别待遇，激发这些地区保护资源环境的主动性和积极性。继续实施生态移民、异地开发等现有的行之有效的补偿方式，进一步从体制、政策上加大对异地开发、生态移民等的支持力度。

（三）生态环境政策

目前在一些地区，由旅游开发和旅游行为带来的旅游性污染与环境损害已较严重，有的甚至已经影响了旅游资源的开发与利用。要改变这种状况，还需依靠有效的环境政策对旅游区域的环境状况加以保护。政府要采取积极有效的干预措施，既要考虑旅游资源开发建设、合理布局设施和维护生态平衡等，又要紧密与区域所在地的重点发展项目、相关行业配套，减少实施中的盲目性、局限性和短期性造成的不必要损失，努力消除旅游业发展过程中的外部不经济，承担保护生态环境和旅游资源的责任。

环境保护部门要对旅游区已经存在、在建、拟建的每一个项目进行严格的环境影响评价，不符合环境标准的项目，坚决予以取缔。对于正在建设或运营的项目，应根据国家或地方的有关环境法规，征收“环境税”或颁发“无污染奖金”，将环境影响降到最低。对于正在建设或运营的项目，应根据国家或地方的有关环境法规，进行微观管制；严格控制人工景点的建设，以保持维护景区的自然生态和本真氛围；通过限制旅游者自由的方法（如只允许待在加固的观光工具里），以保证野生动物保护区内野生动物在不受人为干扰的环境下生存。

通过低碳旅游政策的制定来实现旅游环境保护。低碳旅游的形成一方面依赖于旅游从业者的传播推广及游客的自觉主动行为，另一方面有关政府部门要大力推动低碳旅游政策的制定。例如，进一步发展壮大绿色环保企业，制定政策支持宾馆饭店、旅游景点等旅游企业利用新能源、新材料，及时全面引进节能减排技术，减少温室气体排放，降低碳消耗，最终形成全产业链的循环经济模式。旅游政策制定中还应注重旅游业的可持续发展，扩大生态旅游、农业旅游的比重，通过积极引入低碳旅游指标的考核及管理等，来达到旅游环境保护的目的。

（四）旅游资源绿色产权制度

在资源产权界定上，产权模糊或产权代理人的现实缺位都会使自然资源和文化传统处于无人看守的状态，并最终导致“公地的悲剧”，因此，要通过绿色产权制度的建设遏制这种现象的进一步恶化。

目前我国旅游资源产权制度安排具有三大基本特征，即旅游资源的所有权主体只有国家、政府代表国家支配旅游资源和旅游资源的行政管理代替旅游资源的产权管理。这种制度的弊端在于，由于行政权与资源产权的粘连，设租与寻租行为不可避免，难以确保获得开发利用旅游资源权利的公平与旅游资源的有效配置。因此，在目前的旅游资源产权制度安排下，旅游开发过程中资源的浪费、破坏、低效率利用成为必然。

建立现代产权制度的要求是归属清晰、责权明确、保护严格、流转顺畅，而对绿色产权的进一步规定应是追求资源效益、生态平衡，即强调资源的有效利用、生态的维护平衡，以有利于全社会经济的持续性生存发展。绿色产权制度是适应循环持续经济发展建立的市场基础制度框架。其实质是建立生态环境政策与经济政策一体化的经济制度，把自然资源和生态环境成本纳入规范经济行为和考核经济绩效中去，从而促进经济与资源环境协调发展，从生态环境和经济绩效方面，对各种经济行为进行约束与规范，促进生态环境资源和经济资源在生产、交换、分配、消费各领域实现有效配置；从物质利益上激励经济主体对生态环境资源的保护和合理利用，促进资源向无污染或少污染、高效益的产业和项目转移，从而为旅游经济的持续发展提供动力机制和有效的制度保障。

二、旅游经济发展方式转变路径的法制保障

从美国、日本等世界上市场化程度较高、法制较为完善的国家发展生态旅游业的经验来看，这些国家大都拥有确定旅游资源保护基本原则和基本制度的旅游基本法。在此基础上，针对不同旅游资源的特性，还制定了单项的旅游资源保护法规和条例。我国现行的旅游资源法规主要由有关旅游资源污染防治和环境保护方面的法律法规，及有关旅游资源保护和开发利用方面的法律法规两个部分组成。这些法律法规在旅游资源的开发利用和保护实践中，提供了切实的法律保障，发挥了十分重要的作用。但是，这些法律法规缺乏专门针对旅游活动中的环境问题所进行的特别规定，加之旅游基本法的长期缺位，使得旅游资源的立法没有统一的规划和指导。在有关旅游资源的法律体系中，各部门各自为政，令出多头，难免会引起冲突和矛盾，在执法实践中无所适从。另外，对单项旅游资源和旅游环境的立法还远远不够，使很多情况无法可依。旅游开发经营者的行为由于缺乏法律法规

的规范和约束而变得任意和随性，体现在生态旅游方面的问题尤为突出。

旅游业是一个复合交叉型产业，需要完备的法律法规来进行规范。现行的法律法规已不能满足其发展要求，为此，必须制定综合完善、具有层次性的各级各类法规，全面保障旅游业的可持续发展。

（一）旅游基本法

旅游基本法主要明确旅游业的功能、地位、属性和发展目标，在可持续发展战略思想的指引下，规范旅游资源的保护及合理的开发利用，保障旅游业的永续发展。

（二）与旅游资源相关的法律

鉴于旅游业的特殊功能及其在实现旅游业可持续发展战略目标中的重要地位，尤其是对于那些列入重点保护对象的、不可再生的、宝贵的、脆弱的生态旅游资源，要通过法律来实施严格的保护制度，不仅注重旅游资源的经济价值，还应对旅游资源的生态价值和社会价值引起足够重视，平衡地方政府和旅游开发经营者在旅游经济发展过程中的经济导向、生态导向和社会导向。

（三）与旅游区直接相关的法律

通过对生态旅游区环境的立法，加强对环境的监测评估以及环境的影响评价等工作，制定生态旅游环境标准，为生态旅游环境的管理与评估工作提供具有法律意义的评价标准和技术依据。通过对自然保护区旅游开发的立法，使自然保护区旅游开发从长远利益出发，立足生态环境承受力和旅游资源永续利用，在保护前提下进行适度开发与建设。把严格保护、合理开发和科学管理纳入法制化轨道，积极探寻旅游业与社会文化、生态环境协调发展的模式，促进人与自然之间和谐共生。

三、旅游经济发展方式转变路径的社会保障

（一）生态经济伦理教育

可持续发展的生态经济伦理教育是建立良好的社会经济秩序的重要手段，在市场经济体制下，加强可持续发展的经济伦理教育，有利于在全社会的范围内形成公开、公平、公正与和谐的市场经济伦理，防止生态旅游活动过程中不良的经济秩序和个人表现的不良作风，实现生态旅游业的可持续发展。

可持续发展的生态经济伦理教育是一项具有综合性、广泛性和长期性的系统工程，应做到以下几点：第一，针对旅游地的政府人员、开发商、旅游管理人员和从业人员进行培训，使他们在生态旅游开发经营中自觉运用生态学原理，推出真正的生态旅游产品，满足生态旅游市场需求；第二，提高游客的生态意识、环境意识和可持续发展意识，使他们自觉用生态学原则指导旅游活动，成为负责任的生态旅游者；第三，对当地居民进行生态和环保意识教育，促成他们放弃不利生态环境保护的生产方式和生活习惯，支持生态旅游业的发展，积极参与生态旅游开发和经营；第四，对全体社会公众进行宣传，通过标本、图片、影视、录像及宣传资料普及生态旅游知识，使生态旅游活动真正成为促成人与自然和谐统一的桥梁，起到增强公众生态意识和环保观念的作用，促进生态旅游产业的可持续发展。

（二）可持续发展观念教育

通过宣传教育提高公众对可持续发展的认识，这是一个长期的过程。可持续发展观念的培训可以针对不同人群展开，主要内容是生态意识和环保观念。

对当地社区居民的培训不仅针对那些直接或间接从事生态旅游活动的社区居民，更要从学生开始，在当地的中小学专门开设关于环境与资源保护的课程，或在学校中专门开设专题讲座，从而使受教育后的居民主动地、自觉地形成保护环境的观念，使学生从小就树立珍惜生态的意识。

对旅游开发经营者的培训包括对管理者和员工的培训，旅游管理者的生态素质是决定企业管理价值取向的重要因素，要采取多种形式（如讲座、在职培训、讨论等）提高管理者对生态和环境的关注度。对员工进行的环境教育培训可将环境生态问题融入生态旅游产品生产经营实体的基础教育与职业教育中，增强员工旅游环境一体化观念。

通过对社区居民和旅游开发经营者的生态意识和环保观念的教育培训，还可发挥他们在旅游活动中的引导和规范作用，帮助旅游者纠正不良的旅游习惯和不文明的旅游行为，使其自觉履行在旅游过程中的生态责任和环境义务，成长为严格意义上负责任的旅游者。

第九章　低碳背景下区域旅游发展模式研究

第一节　区域旅游系统低碳创新的理论建构与运行

一、区域旅游系统低碳创新的基本认识

（一）区域旅游系统低碳创新的地域性

地域性是区域创新的基本内涵之一。一定的地域空间即构成区域，它在空间上的含义有两个层面：一是自然含义，泛指一定的地域空间，即一定范围的土地或空间的扩展；二是社会含义，是以人为主体的政治、经济、文化辐射所及的社会和地域空间。《现代经济辞典》对“区域”定义如下：区域是指根据一定的目的和原则划分的地球表面上一定的空间范围。它是因自然、经济和社会等方面的内聚力而形成的，并由历史奠定，具有相对完整的结构，能够独立发挥功能的整体。内聚力、结构、功能、规模和边界是构成区域的五大基本要素。区域作为一个地理空间概念，是空间因资源、人口、产业、文化、政治等变量差异导致的空间异化。区域具有一定的面积、形状、范围或界线，其内部的特定性质或功能相对一致而有别于外部邻区。

从系统论的角度来说，区域属于区域旅游系统的重要组成部分，其构成了区域旅游系统的环境子系统。区域作为影响经济发展的重要内生因素，已被新经济地理学派纳入主流经济学的分析框架中。受区域发展阶段、发展方式、资源禀赋、贸易结构、锁定效应等

因素的影响，区域碳排放水平的重点领域和碳排放水平不同，区域低碳创新的模式也不同。旅游业方面也是如此，区域生态资源基础禀赋、区域公民的社会环保意识是影响区域低碳旅游发展的重要基础。对于大尺度的区域空间，区域内的资源基础也会存在多个异质空间，因此，联动创新的难度就更大。

（二）区域旅游系统低碳创新的多元性

1. 基于空间视角

区域旅游的实践源于旅游者在地域上的无边界的旅游空间行为。旅游者在一次旅游行程中总是希望能到达更多的旅游点，如欧洲，国家比较多，交通方便，区域旅游自然发展；而旅游目的地为了满足旅游者的这种需要，也为了扩大旅游业的市场规模，于是通过区域旅游合作，致力于突破地理或行政上的空间壁垒，形成跨越多层次行政空间的旅游区域。

由此，区域旅游体现为两个层面的含义。一是作为动词来用，指旅游者的跨区域旅游空间行为，可归纳为单一目的地旅游、线型旅游、基营式旅游、链式旅游和环型旅游五种旅游行为空间模式。二是作为名词，区域旅游包括客源地、目的地和旅游通道三个空间要素。黄金火、吴必虎认为，区域旅游即特定的旅游目的地，由目的地区域、旅游区、节点、区内路径、入口通道等空间要素构成。吴晋峰、包浩生（2002）基于空间视角，以旅游目的地、客源地为网络节点，以旅游交通为节点之间的连线，建构了区域旅游系统的网络空间结构模型。其一，从空间角度来看，区域旅游系统低碳创新不仅涉及一个微观节点的创新，还涉及客源地系统、通道系统和目的地系统多个空间节点的低碳创新。其二，对于不同区域，其旅游空间结构不同，在很大程度上也反映了区域旅游流的格局，尤其是区域旅游交通的结构性差异，因此，区域空间内不同节点的碳排放水平是有差异的，节能减排的动力和基础也不同。

2. 基于产业视角

狭义上的区域旅游系统是指区域旅游产业系统。旅游业作为一项综合性产业，具有很强的产业关联性，既受到相关“上游”产业的制约，又能带动相关产业的发展，与国民经济中诸多产业存在关联。黄常锋、孙慧、何伦志（2011）根据投入产出方法中的直接消耗系数和列昂惕夫逆阵，以及产品分配系数和戈什逆阵，识别出我国旅游业的“后向关联”产业和“前向关联”产业，提出旅游产业链并非“链状”结构，而是“网状”结构，建构了旅游“产业网”模型。袁宇杰（2013）核算了这些关联产业的间接能源消耗和碳排放，结果发现，旅游消费增长所诱发的能源消耗会对各类能源产生影响，尤其是对石油与天然气能源的影响最为明显，同时，单位旅游消费间接碳排放为0.449万元，其部门构成为交通运输、仓储和邮政通信业占44.72%，批发、零售和住宿、餐饮业占34.55%，其他服务业占20.73%。

虽然不同区域旅游产业的关联产业及其关联程度可能存在差异，但总体来说，区域旅游系统的低碳创新依赖区域旅游业及其诸多关联产业主体的联动创新。

3. 基于利益相关者视角

利益相关者理论认为，区域旅游系统是由一系列利益相关者构成的系统，这些利益主体的经济行为构成了旅游产业的经济活动过程，它们横向连接，形成区域旅游产业链，在特定空间上积聚，发展成为区域旅游产业集群。对于一个大尺度的区域而言，其往往存在数量不少的利益相关主体，形成了并非单一的旅游产业集群和旅游供需链。正如波特所言，形成国家竞争优势的关键在于推动产业集群的创新，因此，区域旅游系统低碳创新的关键也在于区域旅游产业集群的低碳创新。卞显红（2008）基于旅游产业主体视角，以特定地域内旅游产业集群内各类利益相关主体为节点，以各类主体之间的关联关系为连线，建构了区域旅游产业集群的网络组织结构模型，并将其分为核心网络、辅助网络与外部网络。

低碳旅游依赖于利益相关主体共同采取行动，一般认为主要涉及政府、旅游企业（旅行社、旅游酒店、旅游景区）、旅游消费者及旅游社区等。由于不同区域产业集群成长机理具有差异，不同利益相关者的关联关系及其在网络中的作用不尽相同。区域产业集群低碳创新应重点发挥核心主体的作用，带动广泛的相关主体共同参与。

空间、产业、利益主体之间存在一定的归属关系，利益主体要素必然归属于一定的产业范围，而产业又归属于特定的区域空间。这意味着区域旅游系统的低碳创新必须兼顾三个维度的区域旅游网络节点要素的联动。

（三）区域旅游系统低碳创新的网络基础

从网络视角来解构区域旅游系统被认为是一种最切合实际的理论视角，即区域旅游系统是一个网络系统。对于旅游核心要素构成的区域旅游产业集群内部及其之间的关系网络，我们称为区域旅游系统的内部关系网络；与其他关联要素之间的关系网络，我们称为区域旅游系统的外部关系网络。根据格兰诺维特的“嵌入性”理论，即“经济嵌入社会”，区域旅游网络镶嵌于区域网络中，是区域网络的一部分，而特定的区域网络又被嵌入更大空间的网络中。此外，网络是动态变化的。

要素之间形成的关系网络具有多重性。关系网络本身是影响区域旅游系统低碳创新的重要基础。其一，根据博弈论，区域中行为主体的创新行为决策受到网络中其他行为主体的选择的影响。其二，网络本身蕴含着不同的资源基础。社会关系网络是一种社会资本，是实际的或潜在的资源的集合体。不同的网络规模与网络结构蕴含着不同程度和品质的网络资源。此外，不同区域旅游业由于成长的机制不同，以及处于不同的成长阶段，形成的网络基础也不同，信息和资源的分布也不同。一般而言，网络规模越大，网络异质性（网络节点类型的多样性）程度越强，获取创新资源的机会就越多，网络创新的基础就越好；在关系嵌入性的产业集群中，行为主体之间的关系一般为强关系，信息互动比较充分，信息和资源的分布比较均衡；在结构嵌入性产业集群中，则主要以核心企业为中心，信息和资源的分布不均衡。其三，网络也是一种创新的渠道。网络是网络行为主体进行信息交流和知识分享的渠道，也是网络行为主体获取创新知识的重要来源。不同网络结构下网络行为主体在网络中地位和权力分布的差异，不仅决定了其获取创新资源机会的差异，还影响网络信息和知识的传递，从而影响创新的扩散。

就低碳创新而言，不同区域旅游系统与低碳要素（如低碳技术、生态旅游资源、低碳能源、低碳文化等）或要素主体之间网络关系的差异，是影响区域旅游系统低碳创新方式选择的重要因素。

综上所述，区域旅游系统是一个包含多重关系网络的立体化网络系统。区域旅游系统的低碳创新是一个复杂的网络创新的问题，它的重点是区域旅游产业集群的低碳创新，它是一个依赖于多空间、多主体、多产业的协同创新的过程，并且是一个创新不断扩散的过程。区域旅游业低碳创新模式的选择必须考虑其网络基础、地域性特点，以及不同视角下的多元主体等主客观区域环境。对于跨行政区的大尺度区域而言，区域内还存在多个异质空间，这些共同构成了区域创新的基础。

二、区域旅游低碳创新网络的建构与运行

（一）区域旅游低碳创新网络的构成要素

一般认为，区域创新体系包括三大基本要素：主体要素，即创新活动的行为主体，包括企业、高校、科研机构、各类中介组织和地方政府；功能要素，即行为主体之间的联系与运行机制，包括制度创新、技术创新、管理创新的机制和能力；环境要素，即创新环境，包括体制、基础设施、社会文化心理和保障条件等。基于这些要素之间的主次关系，不少学者建构了不同的区域创新系统的网络结构。

对于区域低碳创新网络而言，企业、政府、科研院所、民间组织等构成了区域低碳创新的主体要素；从功能角度来看，区域低碳创新系统由低碳生产系统、低碳技术创新系统、低碳创新政策系统、低碳创新服务系统、低碳创新文化系统五大功能子系统构成。环境系统除一般的区域环境要素外（自然禀赋、硬件基础设施、金融资产、人力资本、政府政策等），区域旅游关系网络也是重要的基础资源。此外，外部区域也是区域旅游低碳创新的重要环境，如来自其他旅游区域的外部竞争等。

根据区域旅游低碳创新网络是否嵌入区域低碳创新网络中，可分为嵌入性和独立性的创新网络。从创新网络的结构上来说，区域旅游低碳创新网络也由区域旅游低碳创新网络组织、低碳创新的功能子系统和区域环境系统构成。其中，就创新主体而言，跨区域的低碳创新需要建构上级政府与地方政府，以及地方政府与地方政府之间纵向与横向的联结机制，需要旅游者、旅游目的地、旅游企业、旅游管理部门等多行为主体的联合，形成区域旅游低碳创新网络组织，它由区域旅游网络系统中多个不同的节点连接而成。区域旅游低碳创新网络的功能子系统主要包括低碳旅游知识的获得与生产子系统、低碳知识技术应用子系统及传播与扩散子系统。

（二）区域旅游低碳创新网络的驱动力

利益论认为，动力表现为一定的利益追求，也可理解为利益目标。总的来说，追求区域社会、经济、环境的可持续发展是实行区域低碳经济创新的根本利益追求，可持续发展观念是低碳产业集群发展的思想基础，经济绩效是低碳产业集群的直接动力。而这一利益目标往往产生于特定的区域环境，根据其产生的内外因素的不同，区域创新的动力一般分为外部动力和内部动力，其中，外部动力主要来源于市场需求与竞争、政府与科技政策、环境的支持力和推动力等；内部动力主要来源于区域创新网络内的企业家及其员工的物质追求和精神需要（需要满足度越高，人的素质越好，动力就越大），以及区域经济的自组织力。国内外低碳环境的压力和产业集群外公众的市场取舍与监督构成了外部动力。总的来说，从创新的目标（环境）角度来看，根据区域旅游网络系统的内外环境分析，区域旅游低碳创新的动力可分为内生动力与外生动力。根据波特的一般创新理论，创新的动力则体现为创新的前提条件，尤其是驱动创新的资源要素和主体要素。波特认为，只有在“钻石模型”的四个基本要素（要素条件，需求条件，相关及支撑产业，企业的战略、结构与竞争）和两个附加要素（机遇和政府）都积极参与的条件下，才能创造出企业发展的环境，从而促进企业的投资和创新。

综上所述，区域旅游低碳创新网络的驱动力是一个由创新的目标、创新的主体、创新的资源要素及创新的活动过程构成的系统。这些要素之间相互依存，相互关联，创新目标因创新主体的存在而存在；创新活动过程依赖于创新主体的实施，是实现创新目标的手段；创新资源要素的存在是实施创新活动的前提。

（三）区域旅游低碳创新网络的运行机制

1. 协作机制

协作机制是区域旅游低碳创新网络组织实施创新的基础。创新以创新知识的获取为前提。区域旅游低碳创新网络组织成员的创新以相互之间对低碳知识的共享为基础，因此，必须建立相互信任的机制和信息联结的机制，推动低碳创新的知识在网络内扩散与共享。但是，由于不同区域将不同行为主体作为知识的载体，拥有的低碳创新知识基础和创新的能力存在差异，因此，协作机制的建立必须同时考虑相互间的基础关系，以及创新主体在网络中的地位和权利分配，由此建立不同区域的协作机制，形成不同的合作模式。

2. 学习与创新机制

学习与创新机制是区域创新网络及其运行的核心机制。行为主体、活动的发生和资源是构成网络的三个基本要素。行为主体参与各种活动，将资源链接到其他主体，而且不断提高自身的知识储存量并积累经验，不断创新。从经济地理学角度来看，低碳经济是以生态文明为指导，以低碳知识的“区域学习、区域创新、区域合作”为核心发展框架机制，以创新为驱动力。区域旅游低碳创新网络基于低碳信息与知识的协作共享，通过相互学习或模仿实现创新。因此，开展各种各样的低碳知识学习活动，或搭建相互学习的平台机制是基础。

3. 利益机制

利益论认为，利益生成机制、利益分配和共享机制是推动行为主体实施低碳创新行为的保障条件。区域旅游低碳创新在谋求环境利益的同时，必须考虑区域经济利益的获取，以及新的利益如何合理分配。从长远来说，区域旅游低碳创新以保障区域旅游业的可持续发展为出发点，为区域带来长期的发展利益；短期而言，新技术的研发和应用投入可能会导致经济利益流出，因此，首先要建立长远利益与短期利益的协调机制。对于不同的低碳旅游创新主体而言，区域旅游业的低碳创新带来的利益也不同，如政府部门可能从中获取政治业绩，企业可能节约成本或形成特色品牌，公众可能感受到更好的生态环境，等等。总之，平衡各方利益才能持续推进创新。

（四）区域旅游低碳创新网络的扩散路径

区域旅游系统低碳创新不仅涉及微观上的创新，还涉及区域旅游系统的整体低碳创新。一方面，区域旅游系统的低碳创新不可能一蹴而就；另一方面，区域旅游网络系统本身是动态发展的，因此，区域旅游网络系统的低碳创新是一个过程。

区域旅游低碳创新网络的扩散主要是空间维度和产业维度的扩散，而扩散的路径主要依赖于立体化的区域旅游关系网络基础，在推动创新网络发展的同时，推动既有的关系网络的演化。根据旅游产业链的产业要素维度，区域旅游低碳创新网络的扩散表现为横向网络和纵向网络的扩展，即从其中的一类主体（如旅游中间商）向另一类主体扩散（纵向），或在一类主体内部扩散。旅游空间维度的扩散，即从一个产业集群向另一个产业集群、从一个旅游通道向另一个旅游通道、从内部客源市场向外部市场扩散；区域关系网络、产业关系网络、市场关系网络和社会关系网络是创新网络扩散依赖的网络路径基础。

三、区域旅游低碳创新的模式分析

对于模式的划分可以有不同的维度，其中，杨淑霞和汤明润（2010）根据区域产业低碳化的方式、能源生产和消费的差异、低碳化的重点、发展低碳经济的方式、开放程度、低碳经济发展速度及主导者的不同，将区域低碳经济发展模式划分为七大类和 17 小类。结合上述理论基础，下面将从驱动力、驱动主体和网络化推进路径对区域旅游低碳创新模式进行分析。

（一）基于驱动力的区域旅游低碳创新模式

区域旅游网络系统创新的动力源于内部环境与外部环境的共同作用。因此，从驱动力来看，区域旅游系统的低碳创新存在两个方面的动力来源：一是来自区域外部环境创新的驱动，二是来自区域旅游系统内部低碳创新的驱动。因此，从理论上，可以将区域低碳旅游创新分为三种模式：外生驱动模式、内生驱动模式及混合驱动模式。在外生驱动模式下，区域旅游业低碳创新的动力源于发展区域低碳经济的外在压力或机会。在建设低碳城市、低碳省，或者在修复区域生态环境、发展区域“绿色经济”“低碳产业”、调整区域产业结构等背景下，区域生态、交通网络、信息网络、低碳技术、环境、政策等资源要素发生了改变，低碳旅游应势发展，如珠江三角洲区域绿道的建设推动了区域低碳绿道旅游的发展、轨道交通的建设推动低碳区域旅游交通的发展等，这是一种相对被动的模式。在内生驱动模式下，区域旅游网络主体往往基于旅游业碳排放加速增长的压力、自身竞争力的增强，或可持续发展的内在动力，积极、主动地利用或建构各种关系网络，通过不断学习，获取低碳创新知识，从而进行低碳创新。例如，上海旅游集散中心为改变长期亏损的现状，解决生存发展问题，通过经营模式和内部管理的创新，在提高经济效益的同时，实现了区域散客旅游交通的集约化，为区域低碳旅游做出了贡献，是一种主动创新的模式。集二者于一体的模式则为混合驱动模式，由于旅游业具有很强的产业关联性和环境依赖性，所以低碳旅游又属于低碳经济的范畴。目前，我国低碳旅游创新的实践多为混合驱动模式。

（二）基于驱动主体的区域旅游低碳创新模式

根据驱动主体的不同，区域旅游低碳创新一般分为政府主导模式、企业主导模式、旅游者主导模式、社区主导模式、非政府组织主导模式及多主体模式等。大尺度的区域旅游业的低碳创新需要不同的旅游空间、不同产业归属，以及政府、企业、科研组织、社区居民、旅游者等不同性质的主体的合作，即从空间维度、产业维度及性质维度三个维度来构建区域旅游低碳创新网络组织。基于创新网络组织的节点要素在空间、产业和性质维度上的组合分布的差异，可形成不同类型的区域旅游低碳创新网络组织。根据不同的维度，区域旅游低碳创新可分为跨区域联盟组织、跨产业（行业）联盟组织或多元（性质）网络组织模式。

（三）基于网络化推进路径的区域旅游低碳创新模式

区域旅游空间结构的网络化过程表现为从小范围、个别节点的低水平网络化到全区域、全节点的高水平网络化，呈现“低水平均衡—低水平集聚—低水平扩散—高水平均衡”的动态螺旋式循环上升规律，呈现出单核集聚、多核互动和网络一体化三种发展模式。区域旅游系统低碳创新的网络化推进路径可以从空间、主体和关系网络三个角度来区分。

第一，从空间层面来看，区域旅游低碳创新可以分为协同模式和渐进模式。协同模式是指多个空间同步创新，而渐进模式则是从一个空间向另一个空间蔓延或扩散，或一个旅游产业集群推动另一个旅游产业集群的低碳创新，其网络化的内在机理与区域旅游系统的空间网络结构关系密切，或从区域中心向外围扩散，或从点向线、向面扩散。建立跨区域的空间合作网络组织是推进这一进程的重要基础。跨区域低碳经济的形成需要上级政府、地方政府和横向地方政府及市场共同协作。

第二，从主体层面来看，区域低碳旅游创新可以分为横向模式、纵向模式及交叉模式。横向模式即低碳旅游创新在同类旅游主体间扩散，如从一间旅游饭店向另一间旅游饭店扩散，从一个景区向另一个景区扩散；纵向模式则指创新在旅游产业链不同主体间扩散，从旅游景区向旅游饭店扩散。前者进程主要依赖于区域旅游行业组织的网络化程度，如饭店协会等；后者则依赖于旅游产业的分工与交易网络，尤其是区域旅游产业链的网络化程度。

第三，从创新网络扩散所依赖的关系网络基础来看，区域旅游低碳创新可分为分工网络依赖型、社会关系网络依赖型、空间（区位）关系网络依赖型、市场关系网络依赖型及混合关系网络依赖型。区域旅游低碳创新往往依赖于多种关系网络的共同作用，空间上的延展往往以一定的空间（区位）关系网络为基础，产业内部的扩散则以旅游产业链分工网络为基础，低碳旅游技术的扩散或引入、低碳旅游消费行为的扩散则以市场关系网络和社会关系网络为基础。

第二节　区域旅游生态环境网络创新模式——以珠江三角洲绿道网为例

在低碳经济背景下，基于宏观层面、中观层面和微观层面的低碳经济发展模式的研究引起了极大的关注。低碳旅游作为低碳经济的一部分，被认为是旅游业可持续发展的一种新方式，也成了研究的热点，研究的视角主要集中于微观层面的旅游景区和中观层面的旅游城市的低碳创新，而关于跨区域的低碳旅游创新的研究尚少。珠江三角洲绿道网成为跨区域低碳旅游创新的典范，被誉为开创了一个新的“广东模式”。珠江三角洲绿道休闲旅游成为宣传低碳理念、践行低碳生活、发展低碳经济的风向标。

一、珠江三角洲绿道网跨区域低碳旅游创新的基础

在低碳经济背景下，推进以旅游业为代表的低碳产业的发展被视为区域低碳创新的一种模式。珠江三角洲地区作为中国经济发展的前沿地区，以依赖资源、能量的大量外部输入和加工制造产品的大量输出为特色，因其具有高消耗、高污染与高排放的特点，区域生态环境、人们的宜居生活、城市的可持续发展面临严峻的挑战。正是在这种背景下，珠江三角洲绿道网工程应运而生。

2010 年，珠江三角洲绿道网的建设工作开启。根据规划，珠江三角洲绿道网由区域绿道、城市绿道、社区绿道三级绿道对接构成，6 条区域主线连接广佛肇（广州、佛山、

肇庆）、深莞惠（深圳、东莞、惠州）、珠中江（珠海、中山、江门）三大都市区，6条主线由4条连接线连通，由22条支线连接主要的发展节点，串联200多处森林公园、自然保护区、风景名胜区、郊野公园、滨水公园和历史文化遗迹，构筑起“主线—连接线—支线”相互贯通、“绿点—绿线—绿面”相辅相成的“绿网”。

（一）珠江三角洲绿道网跨区域低碳旅游创新的动力基础

根据《珠江三角洲绿道网总体规划纲要》（以下简称《纲要》）可知，珠江三角洲绿道网建设的动机是融保护生态、改善民生和发展经济等多种功能目标于一体。

1. 重构区域生态环境

根据广东省住房和城乡建设厅绿道办调研人员的调查发现，珠江三角洲各类生态用地破碎化和孤岛化非常明显。研究表明，珠江三角洲1985—2006年土地利用类型发生了很大的变化，1985—1995年，耕地、林地、水域的面积呈减少的趋势，草地、建设用地和未利用土地的面积呈增加的趋势；1995—2006年，耕地、水域的面积开始增加，而林地、草地、建设用地和未利用土地的面积开始减少。根据异质种群理论、岛屿生物地理学理论，构建生态网络与绿道网络是解决“景观破碎化”和“孤岛效应”导致的物种衰退和灭绝的有效途径。珠江三角洲绿道网连通城市和农村，同时连通区域中被工业化和交通隔离的绿地斑块，构筑起珠江三角洲结构性生态廊道的保护体，有利于推进珠江三角洲生态环境的协同改善，构建珠江三角洲生态文明区域一体化。

2. 调整区域产业结构，统筹城乡发展

建设绿道网不仅能够保护区域生态环境，对调整产业结构、统筹城乡发展、促进区域经济发展也具有重要作用。改革开放以来，珠江三角洲地区在工业化过程中形成了“高消耗、低成本、数量扩张”的产业发展模式。近年来，这一发展模式遭遇了资源和市场两大壁垒的制约而无法继续前行，产业转型、产业结构升级迫在眉睫。珠江三角洲绿道网以生态为基底，集交通、人居、旅游、生态设施等功能为一体，连接乡村、城区、河流、风景区及社区等空间，通过交通衔接、设施共享、生态融合、资源整合、产业联动和市场引导，提升区域生态质量，优化共享环境，强化绿色导向发展，对发展绿色经济具有突出的作用，是推进宜居城乡建设的新举措。绿道对区域旅游发展具有明显的影响作用，主要表现在生态观光、低碳旅游、自然与人文体验、游憩度假、康体健身和环境教育等方面，更是发展乡村旅游的切入点，有利于保护乡村生态环境、增加乡村旅游基础设施的建设、建设乡村旅游目的地、连通乡村旅游交通。

（二）珠江三角洲绿道网跨区域低碳旅游创新的资源基础

1. 区域经济、文化基础

发达的区域经济基础和富于创新精神的区域文化是珠江三角洲绿道网得以快速建设和开发的重要基础。1994年，“珠江三角洲”的概念首次被正式提出，珠江三角洲成为中国最早开展区域合作的经济区域，具有良好的合作历史基础。珠江三角洲地区也是中国改革开放的前沿阵地，素以务实与“敢为天下先”的创新精神著称。2020年，珠江三角洲地区生产总值约为89378.95亿元，是中国经济最发达的区域。

2. 差异化的区域旅游资源基础

珠江三角洲6条区域绿道串起9个城市的200多处自然、历史文化旅游景点，并且绿道旅游线路各具特色。例如，1号绿道沿珠江西岸布局，以大山大海为特色；2号绿道沿珠江东岸布局，以山川田海为特色；3号绿道横贯珠江三角洲，以文化休闲为特色；4号、5号绿道纵贯珠江三角洲中部和东部，以生态休闲为特色；6号绿道纵贯珠江三角洲西部，以滨水休闲为特色。这主要依赖珠江三角洲区域既有的差异化的城市、郊区、乡村和滨海等生态旅游资源基础。

3. 区域交通网络基础

珠江三角洲便利的区域交通网络是保障区域绿道网络可达性的重要前提。

4. 区域客源基础

庞大的市场需求是区域绿道发挥绿色经济作用的基本前提。由于其发达的经济基础，珠江三角洲一度是我国重要的旅游客源地之一，也是我国较早实行国民休闲计划和开启本地游的地区。

（三）珠江三角洲绿道网跨区域低碳旅游创新的保障机制

1. 政策保障

政策支持涉及财政、土地、税收、金融、行政审批、交通配套等。其中，珠江三角洲的区域经济基础和灵活的多方筹资方式是珠江三角洲绿道网能快速建成的重要保障之一。绿道建设资金由各市负责筹措，基本上“以地方财政为主，社会、市场资金为辅”。其中，深圳、珠海的省立绿道资金全部由市政府筹措；佛山的省立绿道资金以区、镇（街）为主，市财政给予补贴；肇庆对省立绿道的建设采取导向明确的财政补贴和激励机制，即2010年完成的每千米补贴10万元，2011年完成的每千米补贴5万元；东莞总体规划和标准指引等前期费用由市财政统筹，工程设计和工程建设资金由市财政和属地镇（街）按市镇各 50% 的比例分摊。此外，还有一些地方的建设资金来源于企业和群众，如珠海金湾区祥祺驿站由政府提供土地，房产开发商出资 400 多万元建成；广州汽车集团股份有限公司出资 110 万元建成了广州二沙岛上的传祺公园。

2. 管理制度保障

珠江三角洲绿道网逐渐建立和健全了规划建设、维护管理及绿道监督评估制度。继省市两级层面的《绿道建设规划》及技术指引出台后，珠海、深圳、肇庆、惠州、广州、东莞、江门、佛山先后出台了各市的绿道管理办法或暂行规定。2013 年 8 月，广东省政府正式发布《广东省绿道建设管理规定》，这标志着广东省绿道网的建设、管理、运营长效机制已经建立。在评估制度方面，省级层面成立了省绿道网检查组，市级层面也引入了第三方评估机构，如东莞引入第三方评估机构，通过问卷调查的方式对部分绿道使用者、管理者、周边商户和自行车经销商进行深入访谈，并举行公众咨询会，公布了东莞市绿道网综合评估结果，邀请部门、镇街绿道办代表以及企业、市民及专家代表，对报告和绿道建设提出意见和建议。

3. 利益分享机制

创新价值的实现与共同分享是推进持续创新的基础。对于政府而言，绿道网的建设是一项政绩工程；对于公众而言，绿道可以使他们获得良好的居住和生活环境；对于企业和投资者而言，绿道可以带来新的投资发展机会；对于城乡居民而言，绿道可以增加新的就业机会。

二、珠江三角洲绿道网跨区域低碳旅游创新的主体

创新主体是区域创新系统的核心。珠江三角洲绿道网因其规划、建设、运营管理和营销推广活动，将政府、企业、市民、村民、媒体、社会团体、科研机构、旅游者等不同性质的主体联结在一起，构建了一个立体化的区域创新网络组织。

从空间层面来看，这一网络组织由广东省和珠江三角洲九市（广州、深圳、珠海、佛山、肇庆、江门、中山、惠州、东莞）两级主体联结而成，是一个省市县（区）联动，市际、县（区）际互联，城市与农村主体共同参与的空间网络组织。其中，根据《广东省绿道建设管理规定》，省人民政府住房和城乡建设行政主管部门作为全省绿道行政主管部门，负责统筹全省的绿道工作，而各属地绿道则拟由县级以上地方人民政府明确专门机构实行

属地专业化管理，具体化组织形式则因地制宜。省级层面主要负责区域绿道的统一规划、宣传、立法、协调、指导和监督；绿道建设的资金筹措、土地征用和维护管理则自上而下层层落实到市、县（区）、镇绿道管理部门。

（一）政府主导的联盟创新网络

珠江三角洲绿道网的规划建设由省—市—区三级政府层层落实完成，采取“省统筹指导，地方政府建设为主；上下联动，部门协作”的组织模式。省级层面成立了厅规划建设珠江三角洲绿道网工作领导小组，明确9个副厅级以上领导负责对口联系珠江三角洲9个地级市以上的绿道建设工作，由广东省住房和城乡建设厅牵头，并联合省发展和改革委员会、国土资源厅、财政厅、旅游厅、交通运输厅、环保厅、农业厅、林业厅、水利厅、公安厅、经济和信息化委员会、文化厅、教育厅、体育局等部门组成省宜居城乡建设工作联席会议，主要通过组织编制区域绿道网的规划和指引、建立监督检查、年底考核、适时通报、跨界衔接、信息交流等工作机制对绿道网的规划建设进行统筹协调、技术指导、监督实施。市级层面建立主要领导部署、分管领导负责、职能部门牵头、多个部门联动的县（区）、镇级绿道管理机构，落实建设的联动工作机制。其中，广州市由林业和园林局牵头，深圳市由人居环境委员会牵头，珠海、惠州等市由住房和城乡建设局牵头，东莞、江门、中山、肇庆、佛山等市由城乡规划局牵头，其他有关职能部门密切配合，统筹推进城市社区绿道网的规划、资金筹集、土地征用和建设、宣传推广。有些县（区）、镇又将建设任务分给不同的职能部门实施，如四会市政府将示范段绿道分5个标段，交由交通、公路、建设、林业、水务部门负责实施。

（二）政企联盟创新网络

绿道管理主要指做好绿道控制区内的生态培育，促进原生环境、自然历史人文资源的维护、保育和恢复，以及绿道内所含的绿廊系统、慢行系统、服务设施系统、标识系统和交通衔接系统的管理维护工作。根据《广东省绿道建设管理规定》，以及市、区出台的绿道管理办法或暂行规定，珠江三角洲绿道网普遍采取的管理模式如下：绿道管理包含的维护、运营实行属地管理，由县级以上地方人民政府明确专门机构实行专业化管理，可采用政府监管和市场化运作相结合的方式进行，职能部门配合做好职能管理工作。绿道慢行系统和公益性服务设施等免费向公众开放，把维护、卫生、治安等管理的责任落实到各级各部门，政府可以通过“购买服务”的方式来管理；售卖点、自行车租赁、停车设施、餐饮等商业性服务设施允许盈利性经营，交由企业运作。绿道日常的管养费用纳入各部门的财政预算，同时鼓励社会或个人捐资、资助认养、认建绿道。其中，广东省住房和城乡建设厅是珠江三角洲区域绿道的主管部门，广州、珠海、惠州、江门确定市园林主管部门统筹全市绿道的管护和运营管理，深圳则由市城管局负责，东莞由市城市综合管理局全面管理，肇庆、中山、佛山由市绿道办统筹。

目前，属地的经营管理参与主体多元化，政府、企业、群众都有介入，依主体的性质差异总结出了绿道建设的三种经营管理模式，即公共机构经营管理模式（指由相关政府部门、公园或景区管理机构全权负责绿道的规划、建设、管理和维护）、市场化经营管理模式（指旅游公司、房地产公司、自行车租赁公司等企业介入经营或管理绿道中的一部分项目或整体绿道中的一段）、群众参与经营管理模式（指绿道沿线企业团体和居民参与绿道的维护与管理）。公共机构经营管理模式以佛山、东莞为主，如佛山、东莞的公共自行车租赁体系都由政府建设和投资运营。市场化运作比较突出的是深圳和广州花都区。根据《深圳市区域绿道管养维护运营方案》，深圳区域绿道设施维护、管理标段按行政区域段划分，每个区域的绿化等项目整合为一个标段，由各区以市场化竞标方式选择具有园林绿化资质的企业承担管理任务；区域绿道自行车租赁等商业运营也采用市场化竞标方式，由各区负责招标和监管。广州花都区统一将花都绿道的经营管理权交给了南湖国旅・西部假期，由其负责打理相关事务，包括日常管护与服务设施的运营，维护费用由企业承担。还有些属地，如肇庆引入当地的村民来经营。此外，政府还引导媒体和市民参与管理。

（三）多元化的混合联盟创新网络

绿道的建设开发为低碳理念的传播搭建了平台，起到了构建低碳文化、推广低碳生活理念的作用。其中，由政府、媒体、演艺人员、非营利组织、社区、企业及市民等不同性质的主体构成的多元化的混合联盟网络组织共同体验绿道、宣传绿道。根据主导地位的不同，总体上可将这类组织分为三类：第一类是以省、市级政府为中心的绿道推广网络组织；第二类是以旅游企业为中心的低碳旅游营销组织；第三类是以社会团体和公众为中心组织的各类绿道赛事或环境与生态宣传教育活动。珠江三角洲九市之间的合作与竞争、学习与模仿是推进区域绿道创新网络组织运行的重要内生机制。

三、珠江三角洲绿道网跨区域低碳旅游创新的路径

区域创新系统的功能创新活动是建构主体网络关系的平台基础，也是获取创新资源

的保证，换句话说，它是区域低碳创新形成的路径。而关于旅游业低碳创新的路径，可以从不同的维度加以分析：基于产业活动的过程，要保障规划开发生态化、生产节能化、管理精细化和消费环保化；基于产业要素的角度，要通过营造低碳旅游吸引物、建设低碳旅游设施、倡导低碳旅游消费方式、培育碳汇旅游体验环境来实现；基于空间的角度，则要从目的地、客源地和旅游通道三个空间层面来实现。

（一）规划—建设—运营—推广

1. 规划生态化

《纲要》运用生态学原理，重视生态资源的搜集与科学分析的前期准备，制定了优良的生态系统规划目标及相关评价指标，以生态保育为前提，确定绿道网的选线布局，将绿道在空间上分为绿道控制区与绿化缓冲区，并加以引导控制，体现了生态观的实际应用。珠江三角洲绿道网规划建设构建绿道植物群落时，根据所处区位和目标功能的不同，结合现有植被情况，将植被规划建设划分为保育型、林相改造型和风景园林改造型三种类型。对植物多样性的保护与规划建设，既能保证群落的地域性和稳定性，提高生物多样性，又能突出群落的景观价值，最终实现景观及生态化绿道配套服务设施的规划以保护生态环境为基础。

2. 建设低碳化

珠江三角洲绿道网的建设以尊重自然、因地制宜为原则，规避大拆大建，要因形就势、逢树绕路、遇水搭桥，充分利用水边、田边、山边这些在城市规划中不起眼的“边角料”，不占用农田，用生态绿地花园取代钢筋混凝土结构的永久性建筑物和构筑物。据相关人士计算，相较于市政道路每千米 1500 万元，高速公路每千米少则三五千万元、多则上亿元的建造成本，绿道的投入则少得多，平均每千米绿道花费约为 150 万元，从建设上来说也是一种低碳节能的做法。据报道，绿道上的驿站基本上由旧厂房、废弃建筑物翻建而成，最突出的是深圳市的绿道建设，绿道服务设施均采用移动式旧集装箱改造组合建成；绿道标志牌则用回收的废旧枕木、自行车轮胎等制作而成；地面采用以废旧沙石为原料的可循环再造的环保砖和可渗水的铺筑材料；用水则就地取材，在集装箱上设置几个大水箱，将山泉水引流到水箱内储存使用；采用太阳能和风能等天然能源建成绿道照明系统。

3. 功能开发以低碳活动为主，营销推广以“低碳”为品牌

生态型旅游吸引物属于典型的低碳型旅游吸引物的范畴。2011 年年底，综合权威专家、学者及读者的意见，由南方日报社联手广东省旅游局、广东省住房和城乡建设厅推出

了“广东十佳绿道旅游线路”产品，主要以滨海风光（如深圳湾、惠州大亚湾、江门银湖湾）、山湖风光（如佛山千灯湖、肇庆星湖、东莞松山湖）、郊野风光（如珠海斗门、广州增城、广州黄埔）、城市文化（如珠海香洲绿道）为核心吸引物。可见，这些吸引物表现出来的共同特色为生态型特色。珠江三角洲绿道网的功能设计融生态环保、运动休闲、养生康体、文化展示等功能活动于一体。

（二）生态环境网络驱动低碳游憩产业发展

从要素的角度来看，伴随上述一体化的活动过程的是一系列低碳产业要素的引入和创造。首先以低碳生态理念为指引开展规划，绿道网的建设不仅创新了低碳的生态环境网络（绿廊系统），还带动了生态化的配套设施（包括慢行道、标识系统、基础设施、服务设施）建设，推动了低碳绿道游憩产品的开发以及绿道低碳休闲游憩产业的发展，创建了进行低碳公众教育的实践平台，引导了消费行为向低碳休闲游憩类的转变。从上述要素的主体归属来看，低碳游憩产业表现为一个自上而下的过程，一方面由政府带动企业、政府和企业带动公众及消费者；另一方面表现为上层政府（省级）带动下层政府。

从驱动区域创新的基础要素，即生态环境网络的创新来看，可以说低碳游憩产业本质上是跨区域的一种碳汇模式；而从结果来看，则更突出表现为区域休闲游憩产业的低碳创新，属于低碳产业创新模式。

（三）协同与渐进并行

区域空间层面，珠江三角洲 9 个城市采取同步建设开发的方式来快速推进区域生态网络的构建。而在市域空间层面，绿道网建设则表现为一个渐进发展的过程。首先，从绿道层级来看，根据《纲要》，区域—城市—社区三级绿道的建设分别按不同速度推进；其次，从绿道功能开发的推进路径来看，主要采用以“点”带“线”、由“线”及“面”的推进模式，即通过“公共目的地”的点的开发带动区域绿道网的整体开发。

综上所述，可以从三个维度构造出珠江三角洲跨区域绿道网的低碳创新路径，事实上，过程、要素及空间各层面的创新路径共存于一体，过程创新活动是基础，要素的创新路径是过程创新的结果，过程创新和要素创新又必须以空间为载体，它们在空间上的行进过程体现为空间层面的创新路径。

参考文献

[1] 李璇 . 低碳经济视角下低碳旅游发展研究 [M]. 北京：中国纺织出版社，2023.

[2] 李照青 . 低碳经济与环境金融支持研究 [M]. 哈尔滨：哈尔滨出版社，2022.

[3] 范渊源，董林林，户晶荣 . 现代建筑绿色低碳研究 [M]. 长春：吉林科学技术出版社，2022.

[4] 康忠慧 . 生态文明视角下的旅游经济发展模式研究 [M]. 北京：中国书籍出版社，2023.

[5] 董良泉，童涛 . 旅游开发与区域经济发展研究 [M]. 北京：中国商业出版社，2022.

[6] 贺腊梅 . 绿色发展背景下旅游经济增长研究 [M]. 成都：四川大学出版社，2022.

[7] 原静 . 低碳经济与旅游经济发展研究 [M]. 青岛：中国海洋大学出版社，2019.

[8] 徐大丰 . 我国低碳经济的发展 [M]. 上海：复旦大学出版社，2019.

[9] 杨莉虹 . 多元视角下旅游产业发展研究 [M]. 长春：吉林人民出版社，2021.

[10] 邓飞虎，张杨，田巧莉 . 旅游经济发展战略及模式研究 [M]. 武汉：湖北科学技术出版社，2021.

[11] 罗明灿，付伟 . 生态经济学概论 [M]. 北京：中国农业出版社，2022.

[12] 王金霞 . 低碳经济视角下税收制度生态化改革研究 [M]. 北京：经济科学出版社，2022.

[13] 陈婕 . 全域旅游发展路径研究 [M]. 北京：北京工业大学出版社，2020.

[14] 肖岚 . 低碳旅游理论与实践研究 [M]. 天津：天津大学出版社，2019.

[15] 王鸣柳 . 旅游景区综合发展研究 [M]. 广州：广东旅游出版社，2021.

[16] 李晶 . 基于价值让渡系统的低碳旅游景区营销模式研究 [M]. 成都：西南财经大学出版社，2021.

[17] 戴友榆 . 旅游学：生态旅游与低碳旅游视角 [M]. 北京：航空工业出版社，2019.

[18] 马潇，韩英 . 旅游景区开发与区域经济发展 [M]. 太原：山西经济出版社，2021.

[19] 张鹏杨，田里 . 旅游经济增长的低效锁定与路径依赖研究 [M]. 北京：中国旅游出版社，2020.

[20] 马海龙，杨建莉 . 智慧旅游导论 [M]. 银川：宁夏人民教育出版社，2020.

[21] 杨力 . 经济发展中的法律问题研究 [M]. 长春：吉林人民出版社，2022.

[22] 贾林娟，刘辉 . 全球低碳经济发展与中国的路径选择 [M]. 合肥：合肥工业大学出版社，2019.

[23] 唐红玉，翟盘茂 . 1951 ~ 2002 年中国东、西部地区地面气温变化对比 [J]. 地球物理学报，2005，48（3）：526–534.

[24] 吴晋峰，包浩生 . 旅游系统的空间结构模式研究 [J]. 地理科学，2002，22（1）：96–101.

[25] 黄常锋，孙慧，何伦志 . 中国旅游产业链的识别研究 [J]. 旅游学刊，2011，26（1）：18–24.

[26] 袁宇杰 . 中国旅游间接能源消耗与碳排放的核算 [J]. 旅游学刊，2013，28（10）：81–88.

[27] 卞显红 . 基于旅游产业集群视角的城市旅游增长极形成机制分析 [J]. 商业研究，2008，（1）：203–206.

[28] 杨淑霞，汤明润 . 我国区域低碳经济发展模式选择 [J]. 国家行政学院学报，2010，（5）：43–46+123.